儒家思想与艺术管理之道

王国宾 著

知识产权出版社
全国百佳图书出版单位

图书在版编目（CIP）数据

儒家思想与艺术管理之道／王国宾著. —北京：知识产权出版社，2018.3
（中国传统文化与艺术管理丛书）
ISBN 978-7-5130-5421-8

Ⅰ. ①儒… Ⅱ. ①王… Ⅲ. ①儒家—哲学思想—关系—艺术—管理学—研究 Ⅳ. ①B222.05②J0-05

中国版本图书馆 CIP 数据核字（2018）第 025912 号

责任编辑：赵　军　　　　责任校对：潘凤越
封面设计：邓媛媛　　　　责任出版：刘译文

儒家思想与艺术管理之道
王国宾◎著

出版发行	知识产权出版社有限责任公司	网　址	http://www.ipph.cn
社　　址	北京市海淀区气象路 50 号院	邮　编	100081
发行电话	010-82000860 转 8101/8102	发行传真	010-82000893/82005070
责编电话	010-82000860 转 8127	责编邮箱	zhaojun@cnipr.com
印　　刷	三河市国英印务有限公司	经　销	网上书店、新华书店及专业书店
开　　本	880mm×1230mm　1/32	印　张	8.5
版　　次	2018 年 3 月第 1 版	印　次	2018 年 3 月第 1 次印刷
字　　数	150 千字	定　价	48.00 元

ISBN 978-7-5130-5421-8

出版权专有　　侵权必究
如有印装质量问题，本社负责调换。

序

　　本书以儒家基本精神为指导，对中国艺术管理思想进行研究和探索。

　　学界普遍认为，当今世界文化教育体系中，管理成为一门独立学科。其诞生于西方资本主义工业革命以来的管理实践活动，以美国人弗雷德里克·泰勒于1912年发表《科学管理原理》为标志，距今不过百余年的历史。由于管理学的创立，泰勒被西方同行奉为"科学管理之父"，为管理学界的至高荣誉。

　　人类文明的发展历程自有文字记述以来已延续3000—5000年的悠久历史，创建继承发展了丰富多彩的思想文化，管理思想、管理理论是人类文明中的重要精神成果。西方的管理思想可以追溯到柏拉图（公元前427—前347年）的《理想国》。《理想国》最早的希腊文名称为《城邦政体》，这与当时希腊的城邦型国家相关，后来学者翻译了该书的"国家篇"，成为现在的《理想国》。柏拉图以哲学家、政治家和教育家的视野，从理性主义的理想和逻辑推论出发,探索描述了人类理想的国家应该是什么样子,人类社会需要由国家去进行管理,但是人民应该建立一个什么样的国家来代表自己管理才会使生活公正和幸福。故《理想国》最根本的主题是正义。柏拉图既关注论述了公民个人的正义,也关注论述了国家的正义。柏拉图提出建立善的城邦,将智慧、勇敢、节制、正义作为善的四种美德。鉴于此,对城邦统治者的选拔提出了较高的要求,统治者应是年长者;统治者不但具有维护国家的能力,而且真正关心国家利益;统治者要终生保持维护国家的信念;统治者要经受各种考验和考察,要挡住各种利益的诱惑。柏拉图思想对西方思想发展史有着决定性的影响力。正如英国哲学家、数学家、教育家怀特海德所说,全部西方哲学传统都是对柏拉图的一系列脚注。

中国的管理思想和管理理论可以追溯到3500—4500年前的五帝三朝时代。孔子编纂《尚书·尧典》载:"曰若稽古,帝尧曰放勋,钦明文思安安,允恭克让,光被四表,格于上下。克明俊德,以亲九族。九族既睦,平章百姓。百姓昭明,协和万邦,黎民与变时雍。"是说古代时圣君帝尧,名叫放勋,他恭敬宽厚,思虑深远,又风度文雅,庄重博大;他严于律己,勤恳工作,又举贤用能,其大德名扬天地与四海。他靠厚德教化治理天下，使各氏族和睦，百官各守其责。上上下下都和谐了，百姓都亲善和乐了，天下风俗就淳实了。《尚书》此段文字内容虽然简洁，但生动形象地论述了四千余年前的中国上古时期尧帝以圣王之道、大人之明德教化群臣百姓而使天下大治的情境。

我们从现有东西方文化经典中看到的管理思想均有数千年历史，但是人类产生管理活动和管理观念比文字的产生更加靠前和久远。正如马克思所说，人的根本属性为社会性，人首先是个体的，但更是群体的、社会的。人要生存、要索取物质生活资料、要发展生产、要战胜天灾人祸，就必须组织起来，形成家庭、家族、部落、城邦、国家。有群体生活，就必然产生管理观念、管理行为和管理实践。故管理的主旨，从根本上说是为了协调人们在社会生活中的相互关系以建立良好社会秩序，保持社会稳定的、可持续发展的社会常态。由此可以推论，人的管理观念和管理活动可能产生于七千年、八千年、上万年前，甚至更久远……它像人类生命起源一样，以现在的认识能力和科技手段难以确知。

中华文明是当今世界最古老的文明，是一直延续下来繁荣发展的文明，悠悠数千载的不断创造、继承与发展，孔子的贡献厥功至伟。孔子以伟大政治家、思想家、教育家的视野和胸怀，对中华民族先古圣贤文化传承有着高度的自觉意识和历史责任感,这也是其奋斗终生的理想目标。正如孔子去陈国的匡地,受匡人误会遭到围困,在数日未食的厄难中,孔子感慨地说:"文王既没,文不在兹乎?天之将丧斯文也,后死者不得与于斯文也;天之未丧斯文也,匡人其如予何?"(《论语·子罕》)孔子面对多日之厄难说:周文王已经故去了,周代的文化遗产不都在我这里吗?上天如果要灭亡这种文化,后面的人(我,孔子)就不可能掌握这种文化了;既然我孔子掌握了这种文化,就是上天不想毁灭它,上天都不欲丧之,匡人也不能违天命而害我的!孔子非常自信是承天命负有大任的人,天命由他传承先贤圣王之道和民族的文化遗产,使命未成,上天是不会让他离去的。

孔子以上天的伟大使命和强烈的民族责任意识,于2500年前集其毕生之力整理编纂了远古时期五帝三代以来约2500年的传统文化,形成今天古代文化六部经典(后《乐经》失传),即《诗》《书》《礼》《易》《乐》《春秋》,确立了中国最早的经典文化(原为宫廷历史档案资料),开始有了中国最早的文化经典意识,树起了中国人(主要是知识分子)传承文化的使命感和责任感。将中国远古时期数千年积累下的极其繁多复杂的文献资料,经过加工整理,编纂成经典著作这种文化成果呈现给后人。编纂人需要有怎样的政治家、思想家、教育家、文学家般的博大胸怀和长远眼光呢？需要有怎样明睿的鉴别力和丰富的想象力呢？这需要投入怎样的心力与体力呢……中华民族正因为有孔子，才可以自信地说中华文明是世界上历史最为悠久的文明，才可以自信地说中国文化是当今世界唯一从古至今延续不断传承发展的文化。正如伟大史学家、思想家司马迁评价孔子所说："高山仰止，景行行止。"孔子不愧为中华民族文化传承发展的大成至圣先师！

正因为以孔子为代表的儒家传承了上古民族的优秀文化，故儒家文化在数千年中被历代统治阶级、广大知识分子尊奉为民族主流文化，是具有中国特色的崇尚天人合一，高扬以人为本，倡导伦理道德的"价值理性"文化，是大力弘扬人文精神，强调集体主义，克制个人私欲的"德性"文化。人文本质是人的精神文明，人文文化的建立才可对人们进行文明教化，使人类由野蛮人转化成为文明人。正如《周易·贲卦》所说："观乎天文，以察时变；观乎人文，以化成天下。"

儒家建构的中华民族庞大、系统、深厚的传统文化中，非常重要的内容就是历代圣王率先垂范，选贤任能治理天下之王道。落实到对社会和民众的管理上以"仁义"建立人们的"良心德性"，以"礼制"规范人们的社会人伦秩序，以乐舞和乐人们的精神。这套治理国家和社会的礼乐制度被儒家称为德治，这套制度是建立在以人为本的人道基础上，是建立在整个社会要尊重道德的基础上。在确立治理国家的根本原则上，儒家强调为政以德——要以德治国。"子曰：'为政以德，譬如北辰，居其所而众星共之。'"（《论语·为政》）治理国家以道德教化来推行政治，就会像明亮的北极星一样，群星就会环绕在它的周围。"子曰：'道之以政，齐之以刑，民免而无耻；道之以德，齐之以礼，有耻且格。'"（《论语·为政》）用政令来约束百姓，用刑法来强制百姓，老百姓虽然可以苟免死罪，却丧失了羞耻之心；用道德教化百姓，用礼仪来规范百姓，老百姓懂得了廉耻，而且会自觉地改正错误。

儒家在处理管理主体与管理客体的关系上，看成是相互联系的、既相互区别又相互统一的整体。"子路问孔子。子曰：'修己以敬。'曰：'如斯而已乎？'曰：'修己以安人。'曰：'如斯而已乎？'曰：'修己以安百姓。修己以安百姓，尧舜其犹病诸？'"（《论语·宪问》）子路问怎样做才是真君子（地位高的人），孔子说，修养自己要恭敬认真；修养自己而使他人安乐；修养自己使百姓都得到安乐，尧和舜都担心做不到啊。

这里仅列举了《论语》中孔子的几个重要的管理观念，但已释放出管理学中的人文境界。在儒家文化中有着极其丰富深厚的管理思想，其管理的本质是道德价值理性的人本之学。所以称之为人本管理，是以人作为管理的主要对象，作为管理的基本客体，通过对人的管理达到对事情的有效管理。儒家的人本管理，不只是将管理客体作为管理的对象，而是将管理主体（管理者自己）纳入更加优先或更加重要的自我管理中，是管理主体与管理客体的统一论。儒家人本管理强调的是"修己以安人""正己而正人""内圣而外王"，要求管理阶层要始于"修己""正己"，而完成于"正人""安人"。管理主体要首先管理好自己，要通过严格的自我修养和自我管理塑造好"德性"高尚的管理主体人格，形成管理者的人格魅力，形成对全体员工的凝聚力，提升团队的整体合力。所谓人心齐，泰山移，立身而后行事。管理主体确立理想的人格，赢得了人心，就具备做好事业的最基本的条件，打下了发展事业的根基。正像《大学》中所说的："修身、齐家、治国、平天下。"这是儒家思想为人类活动提供的管理大智慧！

　　反观西方的现代管理学，由于深受其科学主义的"工具理性"文化的影响，或由于直接产生于资本主义工业革命中的企业实践经验中，其管理本质上是以管事为本的科学，是重程序、重制度的科学，是以完成任务的目标为出发点也为其终点。我的一个艺术管理专业研究生在新西兰进行一年研读,在学习讨论时谈到西方科学管理学是以管事为主的科学时,其大学教授向这位中国学生要问题的依据。那我们就看看西方的管理学家是如何诠释管理的本质的。法约尔的管理定义被学界认为是最具权威性的:"管理活动,指的是计划、组织、指挥、协调和控制。"(《工业管理活动与一般管理》,中国社会科学出版社)这个定义明显是不完整的,后来的管理学家根据实践的发展不断进行补充或修正。赫伯特·西蒙说:"管理就是决策。"孔茨说:"协调是管理的本质。"弗里克说:"管理就是设计并保持一种良好的环境,使人在群体里高效率地完成目标的过程。"

随着时代发展的新要求,西方管理学家也逐步关注到对人的管理问题,但其着眼点是管理者高高在上如何管理好或协调被管理者的问题,是管理主体以什么样的方法技巧去管理好客体(他人),其管理主体与管理客体是相分割的、对立的。如小詹姆斯·H.唐纳利认为:"管理就是一个或更多的人来协调他人活动,以便收到个人单独活动所不能收到的效果而进行的过程。"德鲁克认为:"管理是用技巧来解决管理和被管理的关系问题。"从中可以看出,一些西方管理学家虽然关注到对人的管理,但只是研究了管理主体用怎样的方法技巧去管理好他人、管理好被管理者,完全忽视管理者怎样首先严格管理好自己，率先垂范去影响员工、引领员工，这必然导致在管理主体与客体相互关系中，管理主体是缺位的。

日本企业是最早学习引进西方管理科学的，但他们在学习实践西方科学管理的过程中，继续从东方传统文化中汲取优秀的管理思想。如世界著名企业松下商社举办的商学院在培养经营管理人才的教学中十分重视对学员的意志训练和品格培养，把中国传统文化经典《论语》《大学》《中庸》《孙子兵法》等列为必修课，这不值得我们管理学教育者认真学习和深刻反思吗？

撰写本书的目的是使学院的艺术管理专业的研究生和本科生在学习、把握西方管理理念、管理方法的同时（所学教材基本是西方文化体系），更要认真学习好中国文化中的优秀管理思想和管理理念。我们是当今世界历史悠久的文化大国，文化是民族的灵魂和血脉，是民族的本质象征，我们文化艺术的繁荣发展怎能以西方管理去推进？我们可以汲取西方的先进管理观念，但是从根基上只能以中国数千年积淀的先进管理思想去推动民族文化的繁荣发展，这是一个培养文化艺术管理人才的方向性问题、战略性问题。我自小学习艺术，后走上管理岗位，对国家、对民族文化情感浓厚，积数十年的艺术管理实践经验和学术研究，对学院艺术管理研究生开设了《易经与中国传统文化的基本精神》《佛学文化与心性修养》《儒家思想与艺术管理之道》《领导艺术与管理之道》（为艺术管理专业、领导学课程），以此为中国高等教育中的艺术管理教育教学尽一份微薄之力。

《儒家思想与艺术管理之道》是对艺术管理研究生开设数次课程讲学并经过师生间反复讨论后，由我带领研究生共同撰写完成的。全书有关儒家思想理论主体的诠释是由我之前的讲义手稿完成，对艺术管理思想及案例分析是在教学讨论的基础上，由我的研究生们协助整理完成的，全书最后由我统稿。按照书中的章节顺序，研究生胥慧娟参与整理了仁、义章节，研究生郑妍妍参与整理了忠恕之道章节，研究生苑媛参与了中庸、和而不同章节。郑妍妍同学负责了全书的电子版打印及整理工作。我的研究生耿润华、曾梓珂、李诗珩等参与书稿前期的一些文字工作。该书既为专著又是艺术管理专业研究生教材，在立项、出版过程中得到学院研究生部和科研处的大力支持，在此一并感谢！

用传统文化中的优秀思想去观照指导艺术管理的著述，在国内还不多见，可借鉴书籍较少，学术积累所限，研究尚在过程中，有不足之处，敬请读者指正。

王国宾

2017 年 12 月 20 日

目 录

第一章 孔子及儒家思想对中华民族的伟大贡献 …1
第一节 孔子生平介绍及历史地位 ……………1
第二节 孔子思想的伟大贡献 …………………4
第三节 孔子及儒家思想形成的历史渊源 ……16

第二章 关于先秦及古代礼乐 …………………19
第一节 神文乐舞，颂神祭祖 …………………19
第二节 人文礼乐，天和地序 …………………21
第三节 礼乐制度的政治哲学基础 ……………29
第四节 孔子之礼乐思想 ………………………38
第五节 关于礼乐之制的管理思想及现代意义 …55

第三章 仁义思想与艺术管理 …………………67
第一节 儒家"仁、义"思想的含义 ……………67
第二节 儒家"仁、义"思想的管理价值 ………86

第三节 儒家"仁"思想对艺术管理的启示 110

第四章 忠恕思想与艺术管理 133
第一节 夫子之道，忠恕而已 134
第二节 以人为本，修己安人 142
第三节 忠恕思想对艺术管理的启示 146

第五章 中庸思想与艺术管理 165
第一节 中庸思想的含义 166
第二节 中庸思想的管理价值 178
第三节 中庸思想对艺术管理的启示 195

第六章 "和而不同"与艺术管理 207
第一节 "和而不同"的文化内涵 208
第二节 "和而不同"理念意蕴 215
第三节 "和而不同"思想的管理价值 220
第四节 "和而不同"思想对艺术管理的启示 ...235

附录 建设有中国文化特色的艺术管理教育体系 ...243
参考文献 252

第一章　孔子及儒家思想对中华民族的伟大贡献

第一节　孔子生平介绍及历史地位

一、尼山孔丘，少苦心志

《史记·孔子世家》和《孔子家语·本姓》都提出，孔子的父母祷于尼丘山而生孔子，故名丘，字仲尼。《史记·孔子世家》中语："纥与颜氏女野合而生孔子，祷于尼丘而得孔子。"❶孔子父叔梁纥年过六十，而孔子母颜氏征，尚为少女。其父夫人鲁施氏女，生九女，无子，乃求婚颜氏，颜氏有三女，小女征在同意结姻，后生孔子。孔子父此前娶妾生孟皮，一字伯尼，有足病，残疾，在宗法制度下，身体有残疾的人一般不能奉祀宗庙，故不能为其继承人，其父需要一个正常的儿子。

孔子生三岁，父卒。母子被赶出家，少妇幼子生活

---

❶ 《史记·孔子世家》。

艰辛可想而知。《史记》记孔子未满十七岁前，母亲亡，故孔子从小生活多苦难，天赋圣人从小要"苦其心志"。

关于孔子出生年月，《谷梁传》记为鲁襄公二十一年（公元前552年）十月庚子日，《公羊传》记为同年的十一月，《左传》记为鲁襄公二十二年（公元前551年），卒于鲁哀公十六年（公元前479年）夏四月己丑，年七十三岁。《史记·孔子世家》记孔子出生和卒年同《左传》。后世一般把孔子生日定为公元前551年农历八月二十七日（十月庚子）。从历史文献看，孔子生年较准确，月和日缺乏准确的记载，故有的人提议以孔子诞辰日为教师节纪念日是有问题的。

二、至圣先师，万世师表

孔子集五帝三代之大成，在整理、阐释数千年文化的基础上形成六经，即《诗》《书》《礼》《易》《乐》《春秋》，创建了中国传统文化中的儒家学派，成为中华民族历史发展中的主流文化，建立了仁和之道的人本主义精神方向，成为显学。孔子成为中华民族文化的精神导师。

孔子被后人誉为"大成至圣先师""万世师表"，这既表达了后人对孔子万分敬仰的情感，又是对孔子对人类伟大贡献的准确定位,也是使孔子家族延续数千年而仍然旺盛不衰的至高功德。正因孔子编纂六经才使中华民族远古近三千年的传统文化得以传承和延续。

"大成"源于孟子的评价,孟子说:"自生民以来,未有盛于孔子也"❶,"圣之时者也,孔子之谓集大成"。❷"至圣"源于司马迁的评价,司马迁说:"《诗》有云:'高山仰止,景行行止',虽不能至,然心向往之。""孔子布衣,传十余世,学者宗之。自天子王侯,中国言《六艺》者折中于夫子,可谓至圣矣。"❸"先师"是元、明、清历代的封号。这个称誉很好,很人文,说明孔子是大写的人而不是神,也不是王(唐代封号)。"大成至圣先师"是中华民族继往开来的思想领袖、精神导师。他为中华民族文化的传承与发展,为中华民族成为高度文明的礼仪文化之邦做出的贡献是厥功至伟的。

---

❶ 《孟子·公孙丑上》。
❷ 《孟子·万章章句下》。
❸ 《孔子世家赞》。

第二节 孔子思想的伟大贡献

一、编撰六经,创立仁学

孔子成为"大成至圣先师"是因为他塑造了中华民族文化的普世价值。他是中华民族文化精神、基本品格(文化基因)的系统整理、奠定者。中华民族文化是当今世界公认的唯一从古至今连续不断继承发展的人类文明。这首先要归功于孔子对文化传承的自觉意识和历史意识。早在2500年前,孔子整理了中华民族五帝三代以来的文化,形成今之五经,原为六经,即《诗》《书》《礼》《易》《乐》《春秋》,确定了中国最早的文化经典文本书籍,开始有了中国最早的文化经典意识观念,建立了中国人(主要是知识分子)传承文化的使命感、责任感。

孔子集五帝三代之大成,在整理诠释六经的基础上创立了儒家以"仁"为核心的仁礼学说。依孔子自己所说,"述而不作"。孔子阐释确立的仁和之道的人本主义精神,成为中华民族社会人生的道德价值体系,成为中华民族的精神血脉,是中华民族思想、观念发展的主导方向。孔子创造的儒学的核心精神用一个字表述是"仁","仁者爱人。"❶"三代之得天下以仁,其失天下以不仁。国之所以废兴存亡者亦然。"❷用两个字表述谓"中和"。"中也者,天下之大本也,和也者,天下之达道也。致中和,天地位焉,万物育焉。"❸用三个词表述谓"仁义""民本""贵和"。用四句话表述,"天人一体""仁爱忠恕""和而不同""礼让诚信"。用五个字表述谓"仁、义、礼、智、信。"按照《周易·易传》所说,孔子创建的儒学对中华民族精神集中概括为:"自强不息,厚德载物,刚健中正。"❹习近平总书记在纪念孔子诞辰2665周年大会上,曾将中华民族精神概括为:"讲仁爱,重民本,守诚信,崇正义、尚和合、求大同。"(以上参照牟钟鉴教授2014年11月25日在山东图书馆讲座)

　　孔子所整理和诠释的儒家经典,通过办学、教育而广泛传播,担当起人文教化之重任。孔子是世界上最早举办私学的,时称弟子三千,贤人七十二。成材者72人,成材率高达2.4%(后人研究成材率为2.4%),非常了不起。孔子的教育思想、教育成就非常伟大,他是中国

---

❶ 《论语》。
❷ 《孟子·离娄上》。
❸ 《中庸》。
❹ 《周易·易传》。

私学的创造者，是世界上最伟大的教育家。在孔子之前，中国是政治与教育合一的，官和学一体。只有当政者、贵族上层才能享受到文化知识教育。孔子之后中国文化有了两个方面的传承与延续，一是政治制度的传承和延续，二是文化教育的传承和延续。要由师道引领和警醒政道。需要着重说明的是，我们不宜将孔子的最主要成就看作教育方面的，其最伟大的是对民族文化精神价值的建构和传承。在孔子之前，五帝三代文化只是储存于官府的档案材料。

二、人生常道，君子盛德

孔子创建的儒家学派，历史数千年，虽在不同历史阶段遇到各种问题甚至是严重挫折，但总体一直处于中华民族思想文化的主流地位，故其不是一个普通学派，是广被历代统治阶级和民众所尊奉的思想理念。但又不是西方式的宗教团体，它没有宗教团体严密的组织制度和组织系统，也没有宗教的仪规，不主张和依靠有形的外在力量的拓展，无特殊利益诉求。儒学是致力向社会各领域提供理性的人与人之间关系的社会生活规范秩序，又是一种基于广泛社会的人性道德教育和人格修养教育，以使人生和社会沿着积极的、向善的、正大的、文明的方向发展。儒学理论最主要的是伦理哲学和道德教化。

孔子将五帝三代治国理政的优良文化传统继承发扬，如尧舜时代的"君子盛德，崇德若愚""克明峻德，以亲九族。九族既睦，平章百姓。百姓昭明，协和万邦……"❶、"人心惟危，道心惟微，惟精惟一，允执厥中""克勤于邦，克俭于家"❷"天聪明，自我民聪明""民为邦本，本固邦宁"。又如夏、商、周三代，尤其是周代之优秀文化传统，如："皇天无亲，惟德是辅"❸、"天视自我民视，天听自我民听"❹、"人做天看"（天人合一思想）、"明王立政，不惟其官，惟其人"。❺孔子将五帝三代优秀文化加以整理、诠释，作"五经"，形成"仁义礼"与"中和"之学。后又经其弟子曾子、子思、孟子、荀子等人的研究、诠释，尤其是孟子对孔子思想的继承和发展，使儒家伦理哲学思想更加系统、完善，基本形成了儒家"五常""八德"的道德体系。五常为：仁、义、礼、智、信，乃为人生之常性、长德、常道，做一个正直、善良的人应是终生坚守的。八德为：孝、悌、忠、信、礼、义、廉、耻，是对五常

---

❶ 《尚书·书·尧典》。
❷ 《尚书·虞书·大禹谟》。
❸ 《尚书·周书·蔡仲之命》。
❹ 《尚书·周书·泰誓》。
❺ 《尚书·周书·周官》。

在实践应用中的扩展,是对五常思想的延伸与展开。牟钟鉴教授于2014年11月25日在山东省图书馆进行《尼山书院系列公开课》讲座时将五常八德的基本道德体系在社会、生活、人生具体表达为以下方面:

(1) 表现在人生态度上,就是修己以安人,以天下为己任,富贵不能淫,贫贱不能移,威武不能屈。

(2) 表现在治国理政上,就是导之以德,齐之以礼,为政以德,民生为本,正己正人,礼法合治,德主刑辅,用贤纳谏,廉洁奉公,政通人和,居安思危。

(3) 表现在经济生活上,就是见利思义,诚信为本,富民均平,重农扶商,开源节流。

(4) 表现在国防军事上,就是仁者无敌,义兵必胜,智勇双全,足食、足兵、足信,有文事者必有武备。

(5) 表现在国际外交上,就是协和万邦,讲信修睦,礼尚往来,近悦远来,化干戈为玉帛。

(6) 表现在文化和艺术上,就是和而不同,文以载道,尽善尽美。

(7) 表现在民族宗教上,就是华夷一家,因俗而治,敬鬼神而远之,神道设教。

(8) 表现在教育上,就是有教无类,因材施教,仁智勇兼修,学思并重,启发式教学,教学相长。

(9) 表现在人与自然关系上,就是敬畏自然,天生人成，赞天地之化育，仁者与天地万物为一体。

（10）表现在社会理想上，就是小康大同，天下为公，选贤与能，四海一家。

除牟钟鉴教授前面讲的十个方面的具体表述外，儒家的基本伦理道德体系中还有三个方面应该是非常重要的：

一是人与人的相互关系上：仁者爱人，孝悌为本，本立而道生；忠恕之道，己欲立而立人，己欲达而达人、己所不欲勿施于人。

二是在处理事物关系上：中庸之道，无过无不及；要适度、适时、适情。

三是在个人身与心的关系上：克己修身，一日三省吾身，为人谋而不忠乎？与朋友交而不信乎？传不习乎？诚意、正心、慎独。

梁启超先生曾把中国传统文化的基本精神概括为《周易·易传》中的两句话："自强不息，厚德载物。"❶ 而儒家奠定的中国优秀传统文化的基本价值或基本品格应该是什么呢？我认为集中体现在五常上，就是仁、义、礼、智、信，仁即仁爱，义即道义（正义），礼即礼敬，智即智慧（明理明心），信即诚信。中华传统文化的社会理想目标，统一（大国）、富强（小康）、和谐。不

---

❶ 《周易·易传》。

应认为孔子只重视人格修养、道德教化（即现代说的精神文明），而不重视经济发展，不重视百姓生活和国家富强。如："子贡问政。子曰：'足食，足兵，民信之矣'。"❶"子适卫，冉有仆。子曰：'庶矣哉！'冉有曰：'既庶矣，又何加焉？'曰：'富之'。曰：'既富矣，又何加焉？'曰：'教之'。"❷

学人说五常乃中华民族优秀传统文化形成的人生常道，所谓人生常道，就是中华民族的文化基因，是作为一个中国人的最重要的文化基因，故为我们中国文化的基本性格（品格），是千万不能失掉的，失掉了何谈中华民族精神，何为中国人？若失掉了就是灭族、灭种。至今数千年，不管朝代如何变动，政权怎样更替，制度怎样改变，对五常的诠释会有不同，但作为中华民族优秀传统文化基因的延续，作为民族文化基本性格，基本精神的凝聚和认同，始终是以儒家文化为主导。我国作为一个拥有五十六个民族的大国，假如丢掉了优秀传统文化，失去了中华民族文化的认同，民族就有离散的危险。包括香港、澳门回归，大陆与台湾统一，其重要内涵是对中华民族优秀传统文化的认同。

中国当代的现代化建设，需要弘扬我们民族优秀的

---

❶ 《论语·颜渊篇》。
❷ 《论语·子张篇》。

传统文化精神。民族是历史的，历史是延续的，历史是我们的昨天，明白昨天才能更好地认识今天和走向明天。昨天是今天的传统，而今天会成为明天的传统。否定传统是割断历史，是否定祖先，会毁掉民族优秀文化。但继承传统不是复古，更不是倒退。故神话孔子是错误的，丑化孔子是背叛民族传统文化的，尊敬孔子，学习继承孔子宝贵的精神财富是正当的，是民族文化自觉的重要内涵。孔子后，中华民族已走过2500余年，孔子及儒家思想被中华民族学习、继承，并结合时代精神不断发扬光大。但在不同的历史阶段也遭遇过一些挫折或反对，重要的曾有三次。一是秦始皇焚书坑儒。秦始皇采取法家之霸道，打败六国，这是中国历史上第一个中央集权的统一大帝国，他统一文字和度量衡，首建郡县制，其历史贡献巨伟，但他迷信武力，严酷刑法，焚书坑儒460人，滥用民力，置民众于水火之中，二世即亡国。后人贾谊《过秦论》指出："仁义不施，而攻守之势异也。"❶汉初定天下时，陆贾和刘邦有马上得天下，能不能马上治天下的讨论。秦迅速灭亡的最重要因素是治国理念的失误，未能清醒认识马上得天下后，不能用马上打天下的方略治理天下，故没有实现从马上得天下到马下治天下的政治治理国家的转型。陆贾提出："汤

---

❶ 《过秦论》。

武逆取而以顺守之，文武并用，长久之术也。"❶所以马上取得天下后治理天下要用六经，要实行孔子的仁义礼之道，要礼法并用。

第二次、第三次反孔活动都发生在当代。第二次反孔是五四新文化运动，批判孔家庙是所谓的吃人的旧礼教。这对当时的思想解放有一定积极作用，但是没有认真区分三纲与五常的区别。三纲是束缚人们思想的旧礼教，应给予批判。但五常与三纲不同。三纲也并非是孔子、孟子等儒家代表人物所提。五常对现代中华民族精神文明、道德人格修养都具有非常重要的意义。

第三次是"文化大革命"中的批林批孔，以阶级斗争为纲，造反有理，破四旧，严重破坏民族的文化根基，造成中国社会的混乱和倒退。有的学者认为，中国之所以出现"文化大革命"内乱达七八年之久，可能有多种原因，但其重要的原因之一，仍然是面对马上得天下后能否马下治天下的问题。中国共产党取得全国政权后，面临的一个重要问题是如何实现自身执政方式的转型，即怎样正确处理好阶级斗争与经济建设的相互关系的问题。毛泽东在理论上已深刻思考了这一重大问题，他提出："现在的情况是：革命时期的大规模的急风暴雨式的群众阶级斗争基本结束，但是阶级斗争还没有完全结

---

❶ 《汉书·陆贾传》。

束……在这个时候我们提出划分敌我和人民内部两类矛盾的界限，提出正确处理人民内部的矛盾问题，以便团结全国各族人民进行一场新的斗争——向自然界开战，发展我们的经济，发展我们的文化，使全体人民比较顺利走过目前的过渡时期，巩固我们的新制度，建设我们的新国家，就是十分必要的了。"（《关于正确处理人民内部矛盾的问题》，1957年2月）毛泽东在20世纪50年代提出了这个问题是及时的、英明的，但由于当时国际斗争和国内多重矛盾的变革形势，这一重要思想在实践中并未得到实施。

孔子及儒家思想历经数千年，不只是一派重要理论学说体系，而是经过历朝历代科举、教化、执政、齐家，已是深入国家政治中的治国理政的实践，以及广大民众修身、生活、行为等实践，已广泛深入人心，成为民族血脉。数千年总体上是兴盛地发展，曲折是暂时的。活在人民心里的东西是不会被打倒的。孔子弟子对孔子尊重敬仰，有极高评价。如其得意弟子子贡（姓端木，名赐，字子贡）是孔子72贤人之一，春秋末卫国人，是孔子弟子中入世成就很高的人。子贡是当时很有名的政治家，曾官至鲁、卫两国之相。善于经营，很有智慧，富可敌国，是当时的名商大贾，为儒商之祖，受到各国政要的欢迎、尊重。《史记·货殖列传》："子贡既学于仲尼,退而仕于卫……七十子之徒,赐最为饶益……子贡结驷连骑,束帛之币以聘享诸侯。所至,国君无不分庭与之抗礼。"❶子贡是当时社会的大名人,所到之处追随者众多,就是诸侯国君与子贡只行宾主之礼,而不行君臣之礼,可见子贡社会名望之盛。故当时一些人极力赞美子贡,陈子禽谓子贡曰:"子为恭也,仲尼岂贤于子乎?"子贡曰:"君子一言以为知,一言以为不知,言不可不慎也。夫子之不可及,犹天之不可阶而升也……其生也荣,其死也哀,如之何其可及也?"❷子贡对陈子禽贬低孔子进行了严肃的批评,其说话不知(智)不慎,还比喻说孔子道德学向(问)可比天高,是任何人都无法企及的。又有大夫叔孙武贬伤孔子:"叔孙武叔毁仲尼。子贡曰:'无以为也!仲尼不可毁也。他人之贤者,丘陵也,犹可逾也;仲尼,日月也,无得而逾焉。人虽欲自绝,其何伤于日月乎?多见其不知量也。'"❸孔子没,众弟子皆为孔子守丧三年,三年毕大家痛哭一场而离去,唯有子贡继续留在孔子墓旁,继续服丧三年才离去。现在去参观孔林,在孔子墓则竖有一块碑,写有子贡守丧处。

---

❶ 《史记·货殖列传》。
❷ 《论语·子张》。
❸ 《论语·子张》。

儒家前期另一个代表人物孟子,是儒学的重要传承人,被后人称为"亚圣"。孔子后已逾百年,孟子曰:"乃所愿,则学孔子。"孟子对孔子非常敬仰。曾说:"圣人之于民,亦类也。拔乎其萃。自生民以来,未有盛于孔子也。"❶孟子认为,突出于人类,超拔于人群的,自有人类以来,没有比孔子更伟大的了。孟子还说:"天不生仲尼,万古长如夜。"❷历史发展至2500年后的中国现代社会,领袖毛泽东主席在总结中国的历史时说,从孔夫子到孙中山,需要认真总结、继承这份珍贵的遗产。

---

❶ 《孟子·公孙丑上》。
❷ 《朱子语类》卷九十三。

第三节　孔子及儒家思想形成的历史渊源

久远文明，承乎圣人

孔子及儒家思想产生（形成）于我国的春秋末期至战国，同时期我国诞生了伟大的思想家老子、庄子及其道家文化，形成了诸子百家争鸣的局面，使我国学术思想呈现百花盛开态势。我国思想文化界产生这样的局面不是偶然的，是一定的重要条件长期积累的结果。主要有两大基本条件。

一是我国从三皇五帝至夏商周三代数千年的长期文化积淀，在政治、经济、思想、文化、教育、艺术等方面都积累了丰硕的文明成果。大约在公元前8—公元前2世纪，尤其是公元前6—公元前3世纪之间，人类文明产生了伟大的精神导师——古希腊产生了苏格拉底、柏拉图、亚里士多德，以色列产生了犹太教先知，印度产生了释迦牟尼，中国产生了老子、孔子，他们提出的思想原则，形成了各种不同文明的文化传统，一直影响着人类生活。德国著名哲学家、史学家雅斯贝尔斯提出如上观点，并将其称为世界级的文化命题："人类轴心时期"。这一命题为世界文化界所公认。中华民族经过3000余年的文化积累，文化、文明的基本性格、基本特征等基因性的东西出现，孔子、老子这样的伟大哲人将其系统梳理、整合固化下来，形成中国固有文化传统，在诸子百家之中主要是儒道两家，尤其是儒家被数千年统治者称为经学、显学，更彰显其中华民族精神。当然，儒道两家的精神始终是互补的。

中国儒家、道家文化主要是理性文化，儒家文化最根本的是理性的人生态度，可称为人生哲学，始终贯穿于社会人性本质的为人之道。道家文化是更高度的理性文化，强调人要顺应自然，要符合自然。儒家、道家都是理性的、哲学的，不是宗教的。理性的、哲学的是通过讲道理使人理解了、懂得了，去相信、去尊敬。而宗教强调首先是相信，你相信了、信仰了，才能去理解。现在的中国人说传统文化还包括佛教。但中国佛教原本为外来文化，于公元1世纪西汉末东汉初传入中国，初始只是在民间传播，到东晋时才在名士、士大夫等上层社会传开，到隋唐时，完成中国本土化的特色，是和儒家、道家文化不断融合的结果。历时2000余年，中国已是世界中佛教经典保存最为齐全，佛教文化最深厚的民族。中国文化从根本上是儒道文化，孔子创造的儒家文化是重要组成部分。

二是春秋末期社会危机空前严重，社会矛盾异常深刻。任何重大事件的发生都有其深刻的社会历史背景，时代是无法跨越的。春秋时期，礼崩乐坏，战乱不断，社会危机空前，周朝建立的封建社会政治制度面临着整体的崩溃，社会大势处在这样状态，伟大的哲人就要产生了，伟大的思想家、政治家就要产生了，这是时代发展的要求。有的学者认为，现代社会价值取向底线彻底崩溃了，已接近魏晋时代的精神危机（是从中国看的）。但现在社会精神危机比那个时代广泛得多，魏晋主要表现在士大夫和知识分子中，现在的问题是，官员贪腐、富人不仁、明星吸毒、民尚私利、失信、不孝、不仁，各种犯罪事件时有发生。好像这个世界本身存在有用的东西只是利益，社会道德、人伦秩序、做人底线不复存在了。在社会思想、道德、生活无底限的混乱状态下，大家一定要坚守住自己的做人底线，要洁身自爱，自尊，不论他人、社会状态怎样，首先要做好自己，做一个善良的人、一个有道德教养的人。社会问题终究是要解决的，因果关系、因果报应是宇宙间的基本规律，无论是自然界、社会还是人类群体，都应相信恶有恶报、善有善报。现在中央大力度反腐，抓社会各行为不正之风，就是对社会各种恶行的惩治。

第二章　关于先秦及古代礼乐

第一节　神文乐舞，颂神祭祖

著名文化学者徐复观先生认为，人类精神文化最早出现的形态可能是原始宗教或原始艺术，并说："以游戏说为艺术的本性最为吻合，也以游戏在原始生命中呈现得最早……由游戏展开的歌谣、舞蹈，不仅是文学的起源，也可能是一切艺术所由派生。"[1] 我国传统文化经典《易经·豫卦》："《象》曰：雷出地奋，豫；先王以作乐崇德，殷荐之上帝，以配祖考。"[2] 是说雷震响于大地上，畅通而和乐（豫即和乐），先代君王效法此象制作乐舞以赞颂上天功德，并通过盛大典礼的方式进献给上帝，同时以祭祀（配享）历代祖先。大象辞属易传的组成部分，一般认为是孔子及其弟子继承了上古文化传统之精神，故乐舞与上古时代原始祭祀文化、宗教文化是紧密联系的。甲骨文是我国夏商代占卜所用的

❶ 《中国艺术精神》。
❷ 《易经·豫卦》。

文字，已有三千年以上的久远历史，甲骨现保存约 15 万片，在破解出的文字中，多处出现了"乐"字，未见正式出现"礼"字，说明"乐"比"礼"出现得早。

从以上说明，古代乐舞起源于巫术，巫术乃发端于原始宗教信仰，由于先民对于大自然力量的无知和恐惧，从而产生对天地山川河流自然神的崇拜和敬畏，制作乐舞以祭拜神灵佑护。在我国考古中，许多原始文化遗址发现有陶埙、骨笛等乐器，骨笛出土于河南省舞阳县贾湖裴李岗文化遗址，乃鹤腿骨制成，已为七孔七音，据考古学家鉴定距今已有八千余年的历史。关于上古乐舞，在古文献中记述也多为传说，如杜佑《通典·乐志》载，"圣人作乐"就有伏羲作乐《扶来》、神农乐《扶持》、黄帝乐《咸池》、少皞乐《大渊》、颛顼乐《六茎》、帝喾乐《五英》、尧乐《大章》、舜乐《大韶》、禹乐《大夏》、汤乐《大濩》等。❶ 后代史书中曾记黄帝作乐而"百兽率舞"，禹作《大夏》为治理洪水后所赞颂的篇章。在传说中有葛天氏流行一种集体歌舞，由三人执牛尾踏足而歌，其表现形式是载歌载舞。《吕氏春秋》所论其歌名有《载民》《玄鸟》《遂草木》《奋五谷》《敬天常》《达帝功》《依地德》《总禽兽之极》共八阕，用以颂扬上天之功和祀佑五谷丰收。

---

❶ 《通典·乐志》。

第二节 人文礼乐，天和地序

从上述情况分析，在祭祀上帝与先祖过程中，中国古代文化逐渐形成一种越来越复杂而细致的形式，后来发展成为一种习俗的仪式称之为"礼"，这种"礼"在夏、商时期或更早些就已经产生了，但真正形成一种"礼乐"制度文化，是周初周公辅政而"制礼作乐"完成的。"乐舞"和"礼乐"既有紧密的联系，又有区别。乐舞是礼乐发展的基础和前提，"礼乐"是乐舞发展新的历史阶段，社会政治思想需求更高的成果。《礼记·表记》中载："殷人尊神，率民以事神，先鬼而后礼，先罚而后赏，尊而不亲；其民之敝：荡而不静，胜而无耻。周人尊礼尚施，事鬼敬神而远之，近人而忠焉，其赏罚用爵列，亲而不尊；其民之敝：利而巧，文而不惭，贼而蔽。"❶礼记的记载说明，在殷商前的乐舞阶段，是以娱神、敬祖为主要功能，而周代的"礼乐"制度主要是以促进社会关系和谐，安抚民心为主要功能。前者主旨为神文，后者主旨是人文。

什么是周代的礼乐制度呢？周代制定礼乐制度的主

---

❶ 《礼记·表记》。

要的社会功能和意义是怎样的？《礼记·乐论》中说："乐者，天地之和也。礼者，天地秩序也。和，故百物皆化；序，故群物皆别。乐由天作，礼以地制。"❶ "明于天地然后能兴礼乐也……若夫礼乐之施于金石，越于声音，用于宗庙社稷，事乎山川鬼神，则此所与民同也。"❷《庄子·天下篇》在谈及儒家六经时说："《诗》以道志，《书》以道事，《礼》以道行，《乐》以道和，《易》以道阴阳，《春秋》以道名分。"❸

可以看出，周代礼乐制度之"礼"，就是明确社会人伦秩序，或者说要建构稳定的社会秩序。在复杂的社会关系中，每个人都有不同的社会身份，要明确每个人的不同身份，每个人都要明白自己属于哪一类，或哪层人。也称为"名分"，也是"分"，是区别，就是要明白封建社会中人与人之间的不同关系。这种礼教就是"明人伦"。

儒家把整个社会人与人的关系分为五大类：君臣关系、父子关系、夫妇关系、兄弟关系、长幼关系，就是高度概括并明确这五种社会人的最基本的关系。儒家通过礼教而明人伦，使人明白自己在社会关系中的身份、

---

❶ 《礼记·乐论》。
❷ 《礼记·乐论》。
❸ 《庄子·天下篇》。

地位，所应具有的职责，所应承担的义务。启发其自我觉悟、自我约束、自我控制，达到各安其分、各守其职、各尽其责，这样的社会就秩序井然了，就安定和平了。

　　人伦之礼对人有没有约束作用呢？如果一个社会礼教形成风气，孩子从生下来开始社会就进行伦礼教育，这个约束作用会很强。因大部分人都会有羞耻之心，都是知耻的，都有荣辱之别，人大多有向善、向上之良知。还有更深入探讨的是明人伦之礼对现实社会的价值和意义问题，是否像五四运动时有人说的，礼教是吃人的？现代社会就不需要尊老爱幼吗？就不需要孝敬父母吗？不需要处理好上下级的关系吗？当然需要。时代变化了，人与人间具体关系的内容是会有变化的，但人伦关系基本原则是没问题的。如现在社会就不要父慈子孝吗？现实社会关系中处处显示利益、金钱至上，为房产子女不养父母，甚至发生杀害父母之大逆，父母情感不合而残害幼儿。上下级关系严重扭曲，不正是缺乏礼义道德文明吗？社会现实严重缺乏道德状况不是更需要恪守本分，尽伦、尽职、尽责吗？礼是着重强调序，强调每个人要承认社会存在差别。维护社会生活正常秩序就必须有分工，众人不可能都干一样的事情，社会分工本身就是差别，而社会分工是依据每个人的不同素养确定的，人与人的素质原本就有很大差别。社会发展客观要求不会是人的身份、地位、利益都是一样的。每个国家都必须由领导者、组织者、工、农、商、文、教、医、兵等百业千行构成，当然个人也会有所谓的命运问题，完全平等是不可能实现的。要承认社会这种客观之分，要定身份、定名分、定职位，定位了才各安其位、各尽其职。心定了，才秩序定，才社会安定。

在古人看来，要先承认不等，先承认差别，保持差别，然后再求等。追求平等，是承认不等基础前提下之等，当然不是绝对平等，更不是平均。因不平等有差别是社会结构问题，是社会制度形成的问题，也是经济发展水平问题，是现实存在的社会分工问题。而平等不是社会结构问题，不是社会分工问题，是价值观念，是一种理想追求问题。20世纪50年代时，国家主席接见北京环卫工人时传祥时说："我是国家主席，你是环卫工人，是分工不同，岗位身份不同，但在不同的岗位都是为人民服务的，都为社会需要做出了社会贡献，履行了自己的职责，我们是平等的。"二人身份、地位是不等的，但都尽了自己应尽的职责，为社会做出了贡献，是同等的。不等是绝对的，等是相对的，都做出了贡献，都满足了社会需要是等，但贡献大小不同，劳动报酬也不同。

周代礼教还包括冠、婚、丧、嫁娶、庆典、聘、祭祀、迎宾等诸多仪式。

第二章　关于先秦及古代礼乐

礼为分、为名、为序，为各定其位，作为社会规范秩序非常实用，非常有意义，但只强调分别，对社会稳定和谐会造成重大问题。故圣人用乐教，也是诗教，即艺术教育来和谐、调整人与人的关系，以和谐社会。"乐者，天地之和也。"❶ 乐的核心是和谐。乐教是诗乐舞一体的，一部好的乐曲一定是多声部，多旋律，多器乐，多节奏的协调与配合。一个好的舞蹈作品也是多层情感，多种舞蹈技术技巧，多方面舞蹈韵律组合协调而优美。一部好的美术作品也定是多种色彩，多层次光线及山川日月多种景象之和合。总之，一部优秀的艺术作品一定是多种要素的和而不同，既是丰富的、多姿多彩的，又是协调和谐的，艺术教育的深化会让人理解协调、合作、和谐的重要性。正如《礼记·乐论》所说："礼者别宜""乐者敦和。"❷ 其原文为："乐者敦和，率神而从天；礼者别宜，居鬼而从地。故圣人作乐以应天，制礼以配地。礼乐明备，天地官矣。"《礼记·乐论》乐教敦厚和谐，能引领人的精神，而来自上天；礼教能分别时宜，能安定人之魂魄而效法于大地。故圣人制作礼乐的目的就是，作乐以顺应上天，制礼以遵从大地，礼乐制度昭明完备了，天地定位就各尽其职了。

---

❶　《乐记·乐论》。
❷　《礼记·乐论》。

《史记·周本纪》载，周成王作《周官》，兴正礼乐。使周代乐舞具有规模特性，诗乐舞构成其三大因素，既相互成为一体，又有相对独立性。《周礼·春官·乐师》将舞分为六类，"有帗舞、有羽舞、有皇舞、有旄舞、有干舞、有人舞。"❶《周礼·春官·鷺师》乐分为九类："王夏、肆夏、昭夏、纳夏、章夏、齐夏、族夏、祴夏、骜夏。"❷但乐舞却要与诗相配。周之乐的主要功能不再是祭拜神灵，而主要是歌颂王侯，赞颂盛世，和谐社会，安抚民众。郑玄说："周颂者，周室成功致太平德洽之诗。其作在周公摄政、成王即位之初。"❸《周颂》为周代著名乐舞，其形式华美，场面较大，其内容主要歌颂周统治者之美盛之德。

在中国古代文化中，"乐"与"舞"是紧密联系在一起的。《周礼·春官·宗伯》中曰："大司乐：大司乐掌成均之法，以治建国之学政，而合国之子弟焉。凡有道者，有德者，使教焉。死则以为乐祖，祭于瞽宗。以乐德教国子：中、和、祗庸、孝、友；以乐语教国子：兴、道、讽、诵、言、语；以乐舞教国子：舞《云门》《大卷》《大咸》《大韶》《大夏》《大濩》《大武》。

---

❶ 《周礼·春官·乐师》。
❷ 《周礼·春官·鷺师》。
❸ 《周颂》。

以六律、六同、五声、八音、六舞、大合乐。以致鬼、神、示，以和邦国，以谐万民，以安宾客，以说远人，以作动物。乃分乐而序之，以祭、以享、以祀。乃奏黄钟，歌大吕，舞《云门》，以祀天神；乃奏大簇，歌应钟，舞《咸池》，以祭地示；乃奏姑洗，歌南吕，舞《大韶》，以祀四望；乃奏蕤宾，歌函钟，舞《大夏》，以祭山川；乃奏夷则，歌小吕，舞《大濩》，以享先妣；乃奏无射，歌夹钟，舞《大武》，以享先祖。"❶

大司乐为古代掌握艺术教育之政府官员。成均，按《国语·周语》："律所以立均出度也"。❷ 贾谊《惜誓》曰："二子拥瑟而调均兮"。❸ 说明古时音乐调和适度而为均，"成均"即"成调"。"成均"古代是指音乐调和或音乐，乐舞之教育，故后也将"成均"作为我国大学的起源。日本学者江文在《上代支那正乐考》中说，中国古代音乐发达，远较西洋为早。

大司乐以"成均"对有道者、有德者进行教育或教化，讲述了三方面内容。一是乐德之教，从内容看，可归纳为艺术理论，艺术美学，审美之教。二是乐语之教，是诗歌，唱词之言，语言（朗诵）之教。三是乐舞之教，

---

❶ 《周礼·春官·宗伯》。
❷ 《国语·周语》。
❸ 《惜誓》。

即进行舞蹈的训练和教育，并具体列举了七种舞蹈。从"成均"教育三项内容论我国古代之乐教是诗乐舞三者合一的，又称之为乐舞。当时乐即歌唱，歌即是乐，乐又和舞相配合。其乐教的目的是祭拜上天和先祖（以致鬼神木）求护佑，和谐万邦，安抚百姓，愉悦民众。

乐舞的祭祀活动或乐舞的实际活动在古代是按祭、享、祀分为六个具体方面，按不同祭祀对象而设立的，是有序的。从六个方面的具体内容可获得两个方面认识，一是古代乐舞和祭祀活动与宗教（原始）活动密不可分。都是先民祭祀鬼神，即祭祀上天和祖先所举行典礼仪式，祭拜活动是有一定仪式和程序内容的。二是之所以古代称为乐舞，六个方面的内容均是由奏、歌、舞所构成。故，古代之乐教并非单纯为音乐教育或音乐活动，乐教乃中国早期艺术教育，乐舞即中国古代综合艺术。故孔子整理的《乐经》之后，由儒家弟子所撰写的《乐记》《乐论》均非单纯之音乐学，乃是艺术学，是古之美学，或艺术哲学。

第三节 礼乐制度的政治哲学基础

敬德保民，皇天佑之

周王朝的建立完全是以武力革命手段推翻商纣王统治的，以前之政权更替（改朝换代）主要是禅让制。此后，中国历史上的改朝换代都是武装革命的形式了。在周王朝建立的初期，遇到的最严重的政治问题是政权的合法性问题。当时争议的根本问题是，一派认为周举兵伐商是以有道伐无道，是正确的；另一派则说周文王、武王原为诸侯，杀天子乃是弑君，取得政权是不合法的。纣王临死前还大声对武王说，我是天子，是天命的，你要违天命吗？当然，武王仍用剑砍掉了纣王的头。武王伐纣只是攻下了商朝都城及附近地域，广大东部地区都是商朝旧部占据着，而商朝都城百姓对周朝也不是很欢迎，周朝此时还未能建立起真正属于自己的全国政权。

周朝建立后，未将前朝皇室人员全部杀掉，只是处死纣王及罪恶大的官员，对其后人（儿子）庚封在旧商都为侯国，并分封三个同姓兄弟在其周围为诸侯，以对庚进行监督。两年后武王逝，成王继位，庚欺成王年幼，内部大臣又有矛盾，就趁机造反，此时同姓监督庚的蔡权、管权也和庚相勾结而举兵造反。他们认为既然哥哥武王能做天子，他的儿子能做天子，我们同为兄弟为何不能做天子？同一个问题从不同侧面反映了怎样看待周政权合法性的问题，以及天子后世继位的问题（合法性继承大统问题）。随之周公亲率大军消灭了武庚以及蔡权等人的叛乱，此时周朝才真正统一了天下。时因成王年幼，周公为辅政大臣，是实际的执政者。

周公治理国家面对的严峻、复杂而又棘手的问题是如何向众朝臣、贵族及天下论证周朝政权的合法性。周公是德才兼备之圣人，是周代真正的国家制度的创造者和设立者。周公首先继承了尧舜禹等圣人的优秀政治理念，当然要直接传承商代的政治观念，君王是天命的理论。认为天子是上天的儿子，天子是上天选任的，是负有上天之使命的。周公很清楚，上天需要，天子也需要，天子要治天下必须和上天建立一种特殊的神圣关系，这样，天子的君王之尊才具有神圣性和至高无上的权威性。但周公和商朝天命论是相区别的、不同的，商代的天命是不变的，"天不变，道亦不变"，天子的位子也是永恒不变的。周公的观念认为，天道是永恒不变的，但天命是可变的。所谓天子，是上天在人间寻找的代理人，要将上天的意志传达给人世间。天下那么多的人，上天为何选择你做天子，上天将某人作为自己之子，做人间代理人，一定把自己的本质赋予他，天子从上天那儿获得到的本质的核心是内在的"德"，即上天之"道"，得道即为德。这样作为一个称职的君王——天子必须具有上天之圣德，这是最高的权杖，是天子最至高无上的本质，是天子来源于天的最珍贵的东西。这样君权神授就变成有条件的授权了。人间天子必须按照上天给予你的圣德的要求去治理天下，天子若未获得上天赋予的本质或丧失了上天的圣德也就无资格再做天子了。这样，上天和天子建立了一种契约关系，这是中国古代文化天约之说。西方文化是民众与君主间的契约关系，是民约论。

　　周公在论述政权合法性过程中，将政治和天子道德紧密联系，最高统治者的道德是本，行政、治理是手段，是体现德的外在表现。天子的责任是把上天的意志通过治理天下传达给民众，那上天的意志是什么？上天的意志主要是三无私：天无私覆、地无私载、日月无私照。上天三无私之境界，是天子从天道获得的最大德——无私、公正，这既是天道也是王道，即后人所说"大道之行，天下为公"❶。天下乃天下人之天下，非一人之天下。周公的观念是，上天不管天子治理天下的过程，但要管

---

❶　《礼记》。

治理天下的结果,据结果好坏上天会以天时之好坏示警,故天子要祭天。北京的天坛就是天子(帝王)祭天之所,是京城四坛最大、最肃穆庄严之所。因是国家最高礼仪,古代只有天子可以在此做的祭祀。天子向上天汇报自己的事业与"德性",并检讨自己的过错,尤其是失德之处。天子治理天下有道,民众安居乐业,有功要归于上天,否则即是贪天之功。有过错归于己,故帝王有时颁罪己诏。上天考察天子并不只听天子个人述说,主要听百姓的意见。故有"虽有周亲,不如仁人。天视自我民视,天听自我民听。"❶这构成了天、天子、民三者间的关系,上天将其意志赋予人间代理人——天子,天子的职责是把上天的意志转达给民众,天子是否真的实行了上天的意志,上天要听民众的意见,故民为政权之本。这是周公创造的政治模型。这一民本思想一直延续下来,天—天子—民众三者是一个政治统一体,都很重要,缺一不可。但三者中,古人认为天最大,天为道,为形而上者,故常说,头上三尺有青天。人、君王都必须要敬奉天,对上天怀有深深的敬畏之心,以天道、大德约束自己。

  周公依据上述理念论说周文王、武王推翻商纣的革命是正确的,是替天行道。因纣王丧失天道,违背了上天的意志,荒淫无耻,残害忠良和百姓,已自绝于天,

---

❶ 《尚书·周书》。

第二章 关于先秦及古代礼乐

不是上天不要纣,是其自己割断了与民众的联系,背弃了民众,自然背弃了上天,自毁了与上天的契约。当然就不是天子了,是孤家寡人了,是独夫了。"今商王受,狎侮五常,荒怠弗敬。自绝于天,结怨于民。"❶在周公看来,民众首先是天民,是上天之民,然后才是臣民,是天子之民。商纣既然无资格再做天子,上天必然要选择新的天子,要产生新的君王(天子),重新建立天、天子、民众三者间的新的公共秩序。这就是以武装革命手段建立一个新的合法政权的理论,成为一个革命理论。革命文化在中国是有基因、有种子的,这个种子的根基就在这里,数千年文化基因形成、奠定在这里。概括起来就是一个统治者违背人民利益而丧失了道德,就丧失了政权的合法性,统治者政权的合法性在于是否顺天应民。就如《尚书·周书》中所说:"皇天无亲,唯德是辅。民心无常,惟惠之怀。为善不同,同归于治;为恶不同,同归于乱。"❷

周公的革命理论虽然论证了周武王以武力夺取政权的合法性,但也带来了一个严重的政治后果,即你今天有德可以革别人的命,明天你若无德,别人也会理直气壮地革你的命。作为一个伟大的政治家,周公也深深为

---

❶ 《尚书·周书》。
❷ 《尚书·周书》。

周朝能否长命久运而担心,或是担惊受怕。故后来反复地宣扬敬德保民。敬德也就是敬天、奉天,要敬畏天、敬畏民,要敬畏自己的德行,统治者要严格约束自己的言行。一旦德行丧失,政权的合法性也就丧失了,别人就会革你的命,上天就会重新选择新的人间代理人,就会建立新的社会秩序。"王敬作,所不可不敬德。""王其德之用,祈天永命。"❶ "睦乃四邻,以蕃王室,以和兄弟,康济小民。"❷ 统治者只有敬德爱民,敬畏上天,康济民众,才能得到上天的护佑,才能得到民众的拥护,才能保护住自己已获得的政权,这是周公制礼作乐的哲学基础和思想基础。

  周代礼乐制度的政治基础则是封建宗法制度,周公制定礼乐之制,是认真吸取了商纣无道失德之深刻教训。同时也吸取了武王继位后不久发生的商纣后人武庚和管叔、蔡叔相互勾结的叛乱。从武王伐纣的誓言中可以看到:"今商王受,力行无度,播弃犁老,昵比罪人。淫酗肆虐,臣下化之,朋家作仇,胁权相灭。无辜吁天,秽德彰闻。"❸ "郊社不修,宗庙不享,作奇技淫巧,以悦妇人。"❹ 司马迁在《史记·殷本纪》中批评纣王

---

❶ 《尚书·周书·召诰》。
❷ 《尚书·周书·蔡仲之命》。
❸ 《尚书·周书·泰誓》。
❹ 《尚书·周书·泰誓》。

养女乐而耽于"淫声""作新淫声,北里之舞,靡靡之乐。"❶史书记载,商乐主要有《大濩》,以歌颂汤王代夏而立商,后世定为"贤人作乐"的雅乐系统。还有商人后作之音乐《翠林》,有男女演员模拟性动作,被后人认为是淫声,已成为商纣王失德而失天下的重要原因之一。

管叔、蔡叔与武庚勾结的叛乱,使周公认识到王位继承制度上的礼治问题,管蔡二人为武王与周公之兄弟,原本是封在武庚侯国周围以监督武庚,但兄弟二人却和武庚勾结造反,他们同为兄弟,哥哥可为王,哥哥死后他们也可以做天子、当王,故不服武王儿子继承父业为天子。要防止这样的问题今后再发生,就必须在"天子"王位继承上要建立"名分"的制度,这就是周公所制定的嫡长子继承制制度。是严格区分嫡庶的,王位(后为皇帝)由嫡长子继承,为大宗正统。其余儿子们可分封为诸侯,诸侯之位也由嫡长子继承,为小宗。其余儿子分封为大夫,为家臣,大夫之位也可以嫡长子继承,其余儿子为士。士的其他儿就是无位平民了。这样的嫡长子制度所建立的"名分",就从政治上剥夺了王族嫡长子系统外其他人夺取王位的合法性。大大减少了统治集团内部兄弟间对政权争夺的机会,有益于利益集团相互关系的协调与合作。它是周公"制礼作乐"的很重要的

---

❶ 《史记·殷本纪》。

内容，也是社会政治稳定持续长治久安的重要因素，使周代存续800年，成为我国历史上持续最长的政治制度。

礼乐制度成为周代社会的典章制度和行为规范，在很大程度上是制约统治集团的，它使统治者更好地敬德以约束自己的行为。如前面所说的嫡长子继承制度，兴正乐，又如规范天子庆典用乐舞可八佾，即可用年轻乐舞女子八排，每排八人，八乘八，六十四人。而诸侯用乐舞，可用乐舞女子六排，每排八人，六乘八，四十八人。士大夫用乐舞只可四佾，以及前面所述君臣、父子、夫妻、兄弟、长幼之礼等，使周代社会建立了一套较完善、系统的社会各种政治生活关系的标准以及行为准则，形成了使社会能较长期和谐发展的人伦秩序。社会和谐主要是解决好人与人之间的关系，使不同利益集团间的关系相互融合。正如《礼记·乐论》中所说："乐者为和，礼者为异，同则相亲，异则相敬，乐胜则流，礼胜则离。合情饰貌者，礼乐之事也，礼义立，则贵贱等矣；乐文同，则上下和矣……仁义爱之，义以正之，如此则民治行矣。"❶乐的作用使人与人之间、社会各关系间和谐、协调；礼的作用会使人"明分"，知道人与人之间、社会各种关系是有等差、有分别的；和同会使人与人之间关系亲近融合；明分知等差会使人们各安其分而相互尊

---

❶ 《礼记·乐论》。

敬。在礼乐中都相互有一定的度，乐舞做的过分或太强调乐人们就会放荡；礼做得过分或过分强调人们就会疏远，甚至隔阂，礼乐制度就是使人们去合情合理地做好事情。礼节道义的建立就会明分而知高低上下之分别，乐章的旋律和同使不同身份的人情志融合。用仁爱的心去关心民众，用道义礼义去匡正民众，这样民众、天下就大治了。

孔子创造的儒家文化，承载了传承五帝三代的中国传统文化的使命，故孔子对周公所作礼乐制度给予高度赞同，他盛赞说："周鉴于二代，郁郁乎文哉，吾从周。"❶ 周公所建礼乐制度，从社会政治方面和人伦秩序方面确定了人们的行为规范，成为社会人的言行准则。在理论上也进行了一定的探索，但对礼乐制度的本质问题还没有深入解决，也不可能解决，社会发展到春秋末期，由于诸侯间战争导致礼崩乐坏，以孔子为代表的儒家，在努力重建"礼乐制度"的过程中，对礼乐的本质问题进行了深入地研究和阐发。

---

❶ 《史记卷四十七》。

第四节 孔子之礼乐思想

一、近以事人,远以敬鬼

前面已谈到周公制礼作乐使周代礼乐制度由商代以前祭祀神灵的宗教活动,转变为颂扬王道以和谐社会的人文教化。君王、诸侯、大夫、士、民间的等级关系可以以礼乐制度协调。人的地位获得很大提升,消解商代时重大问题事事通过占卜问神的常态方法。但周政权最高统治者是源于天命,是上天之子,是上天在人间的代理人。尊天命仍然是坚定的不可动摇的政治理念。

春秋末期,孔子的重要理论贡献或革新,即是治理国家、社会要靠人(圣人君子),而不是靠神。"子曰:务民之义,敬鬼神而远之,可谓知矣。"[1]为百姓做事要解决当前的困难,多干实事。人类关于对鬼神的事是超现实的,应采取敬重而疏远的态度,做到这样,就是明智之举了。这类似于西方近代启蒙运动大师、伟大的哲学家康德的三大批判著作划清了科学与宗教、理性与信仰间的关系。康德认为科学知识是属于经验的自然界

---

[1] 《论语·雍也》。

的知识，上帝不存在于经验世界之中，人们不应在外部世界去寻找上帝。他同时指出，人除了运用理性来探究自然界（即外部世界）外，还要面对自己内心的道德世界，上帝必须存在于人们心中，这个道德世界非常需要上帝的存在，若没有上帝对人类道德的最终审判，人类现实世界就会缺失坚持道德的理由和勇气。这样康德就给科学和宗教、理性和信仰分工了。康德是承认上帝存在的，只是存在于人们的精神世界。诗人海涅曾经说，康德把上帝从前门请出去，又把上帝从后门请进来。

　　春秋时期的孔子，从不否定天命和鬼神，但他多次谈到鬼神时的态度是"敬鬼神而远之。""子不语怪、力、乱、神。"❶"季路问事鬼神，子曰：'未能事人，焉能事鬼？'。"❷使中国数千年的民族文化主体排除了以神权文化信仰统治社会的可能性。奠定以儒家文化为主流，以儒、道、释互补的文化传统。形成中国文化是理性文化传统，这是中国文化之根性和显著特征。孔子和康德都是以理性的态度、现实的态度对待神灵、神性文化，但是有区别，康德是区分了科学与宗教存在的不同领域，孔子是区分了现实与虚无，注重解决现实人生问题。更应看到的原因是，孔子是公元前 500 年提出

---

❶ 《论语·述而》。
❷ 《论语·先进》。

其思想，而康德是发展到近代社会1700年提出，孔子思想比康德早了2200年之久。故孔子是世界公认的文化圣人。

二、儒道仁学，心灵重塑

孔子提出"仁"的概念深刻揭示了礼乐文化的本质内涵，是儒家人生哲学的核心概念，也是为人道（人本主义）奠定的最深刻、最普遍的哲学范畴，更是人之所以为人的人格、道德修养至高境界，总之，是儒家思想体系的最高范畴。"仁"的提出与孔子生活的时代关系紧密。

孔子生活在春秋末期与战国初期，按孔子及史学家的说法是"礼崩乐坏"的时代。周朝廷日趋衰弱，对各诸侯国已无力控制。各诸侯国间以强欺弱，发动兼并战争，周初时分封的数百个诸侯国，此时仅剩鲁、齐、卫、晋、郑、宋、陈、蔡、秦、楚、吴、越等十几个。周天子对这些诸侯国也只能通过齐桓公、晋文公等霸主才能施加影响。在诸侯国内部也常常发生大夫实际掌控权力，甚至几个大夫、家臣分割了侯国领地，周公所建礼乐制度已大都名存实亡。《史记·太史公自述》中说："春秋之中，弑君三十六，亡国五十二，诸侯奔走，不得保其社稷者，不可胜数。"❶时孔子批评季氏僭礼："八

---

❶ 《史记·太史公自述》。

佾舞于庭，是可忍也，孰不可忍。"[1]季氏为鲁国专政之大夫，在家庙祭祀时用天子之乐舞。春秋时大量战争，必然导致百姓家破人亡，流离失所，生活极其疾苦。

　　孔子一生大部分时间生活在下层，但又是当时之政治家、思想家、教育家，对上层社会有深刻的研究与了解，特别对周代政治文化，对周公所建礼乐制度由衷赞赏。故孔子是对当时现实状态的批判者，是对恢复周代礼乐制度的大力提倡者。孔子作为传承五帝三代的至圣的知识分子，对于如何恢复重新构建社会的礼乐文明制度，进行了长期的反复思索和系统研究。如何重建？首先要分析礼崩乐坏的根本原因在哪里？孔子作为一个思想家、教育家，深深明白礼崩乐坏在外部表现形式上是制度的衰落，是战争导致了社会混乱，但内在的根本原因是人的心灵（思想）受到各种利益的诱惑而发生了严重扭曲，是人们或者说主要是上层统治者集团的"德性"严重缺失，是他们的良心被利益遮盖了。周公制礼作乐之时担心的问题竟然在数百年后发生了。太平了，钱多了，生活安逸了，统治集团若只享受生活，不居安思危，克己私欲而修身，一旦大权在握就会"德性"缺失，因为权是可以换钱换色的。人的一切行为（善与恶）都是根据心灵状态支配的，好比渴了要喝水，饿了要吃饭，

---

[1]《论语·八佾》。

冷了要穿厚的衣服。人内心诚信才行善于外，心怀恶念当然要做坏事，这种因果关系是人之常态。故礼乐文明所居之地重要的是在人的心灵之中，不单是建立多少条文规范的问题。礼乐文明制度的重建，首先是对人们礼乐文明心灵秩序的重建，人的心灵文明的重建才是重中之重。

三、仁以道心，礼以道行

孔子提出"仁"的理念是对"礼乐"文明的升华。前文已说明，"礼乐"是人作为社会人集体生存的生活行为准则，是处理好社会伦理关系，提升人的道德修养的基本要求和重要实践途径。孔子在《论语·颜渊》中说："颜渊问仁。子曰：克己复礼为仁。一日克己复礼，天下归仁焉。为仁由己，而由人乎哉！颜渊曰：'请问其目。'子曰：'非礼勿视，非礼勿听，非礼勿言，非礼勿动。'"❶孔子高徒颜渊问怎么才能实现仁。若有一天人人都能克己复礼了，那么天下就会实现仁道了。践行仁德，完全在于自己去做，难道还在于别人的作用吗？颜渊再问践行礼的具体要求，孔子回答说，不符合礼的事不要看，不符合礼的事不听，不符合礼的话不说，不符合礼的行为不做。可以看出"礼乐"文化是仁道的重要修养内容，

---

❶ 《论语·颜渊》。

是对"仁"的精神之最基本的体现。要修养成人道之"仁",在社会生活的言行就必须符合礼乐文化的准则和要求,"礼乐"和"仁"之间有着紧密的相互联系,有着本质的同一性。

礼乐文化制度虽然建立于周代初期,却对封建社会的人伦秩序和社会的协调稳定起到了重要作用,对我国今后历史发展中秦始皇实行中央集权制的郡县制也基本是适应的。因历朝历代政治文化基本实行了封建宗法血缘的嫡长子制,其社会人伦关系主要延续了周代礼乐文化的君臣、父子、夫妇、兄弟、长幼五种基本关系。各朝代礼乐文化会有新的具体内容和变化,但最基本的制度和人伦关系是普遍适用于历朝历代的,即礼乐文化对社会发展具有普遍性意义。既然"礼"作为人的行为的基本准则,是道德修养的基本体现,就应该既具有适应个别社会要求又具有适应一切社会要求的普遍性的二重性,这样的重要理论观念才既有历史意义,又有现实意义。

现代社会强调的是法治社会,法对于社会治理极其重要。它是社会生活的道德底线,是告诉人们(各层人)什么事情是不可以做的,什么界限是不可以超越的,一旦超越了这个底线,法律就会让你付出一定的代价。但什么事是可以做的,而且会做得更好,什么事会做得不好，是丑的，法律是不能告诉你的。治理社会只靠法是难以治理好的，只靠法不能解决社会深刻而广泛的思想道德问题。社会治理必须礼治与刑治、法治与德治相结合。现代社会的人伦关系有很多新情况、新变化，德治要有新的思想、新的举措。但礼乐制度中五种基本关系仍有重要意义。如现实社会不需要处理好领导与被领导的关系吗？（君臣）现在的大老虎、大腐败，哪个不是一言堂，个人说了算。以乌纱帽作为权钱交易，为一点生活利益，夫妻相残，父母子女相害。公交车上老幼为争夺一个座位而大打出手，更加说明现代社会秩序混乱，其重要原因是缺少礼乐文明的教化。中华民族传统原本是礼仪之邦，但有关新闻爆料，国际有关机构对旅游市场统计，最不受欢迎的人中，中国人是其中之一。外国人欢迎中国人去采购送钱却讨厌中国人的行为，主要原因是一些中国人旅游的文明礼仪差。

　　礼是人道的行为准则，道德规范是仁的重要体现，二者之间有统一性。为何礼只称作礼不能称作仁？因为礼与仁之间在理论上是有着重要差别。庄子曾说："《礼》以道行"。[1] 礼，主要作为人的行为规范，或言行准则，就是一种外在的规章制度。对人是一种外在约束力量，是要去尊重执行外在的制度。礼是直接治于身的。仁是

---

[1] 《庄子·天下》。

人的本质性的内在的规定，是一个人的道德自觉和人格至高的思想境界，是人的深层次文化心理结构。仁是儒家思想体系的核心，是礼乐的哲学思想基础，或是内在思想指导，而礼是仁的外在呈现。仁是孔子思想（先秦儒家思想）的最高范畴，而礼是对仁的实践的具体展开。故孔子在《论语·八佾》中说："人而不仁，如礼何？人而不仁，如乐何？"❶孔子认为，礼之本在于有仁心仁德，人若没有仁心仁德如何去实行礼，去实行乐呢？孔子认为仁高于礼的范畴。《论语·述而》曰："若圣与仁，则吾岂敢。"❷对于圣人、仁人，孔子是高高仰之，自己也是不敢说已达到了，是人生不断追求的一种理想境界。

该如何深刻理解孔子仁的思想境界呢？

从《论语》中孔子对仁的论述看，仁，首先是人们一生中不断追求和对德行修养的实践过程。在《论语》中孔子的弟子们多人向老师问仁。孔子在回答时依据不同弟子修养的不同状况，引导他们向仁的最高境界努力接近。如"（樊迟）问仁，（子）曰，仁者先难而后获，可谓仁矣。"❸樊迟问怎样做才合仁，孔子说，有仁德

---

❶ 《论语·八佾》。
❷ 《论语·述而》。
❸ 《论语·雍也》。

的人要先付出艰苦的奋斗，后得到收获，这样就是实行仁德了。"仲弓问仁。子曰：'出门如见大宾，使民如承大祭……在邦无怨，在家无怨。'"❶出门做事如接待贵宾一样恭敬、认真，治理百姓如承办重祭祀一样谨慎小心……在国家里作官不会招致怨恨，在家族里做事也不会招致怨恨。"子张问仁于孔子。孔子曰：'能行五者于天下为仁矣。'请问之。曰：'恭，宽，信，敏，惠。恭则不侮，宽则得众，信则人任焉，敏则有功，惠则足以使人。'"❷子张向孔子请教怎样做到仁。孔子说能够做到宽、恭、信、敏、惠五种品德，即是达到了仁。恭敬就不会受到侮辱，待人宽厚会得到众人拥护，诚信会得到他人信任，勤劳会获得成功，给别人利益或者利益共享就会更好调动众人积极性。"颜渊问仁，子曰：'克己复礼为仁。'"❸"子曰：刚、毅、木、纳，为仁。"❹刚，无欲则刚，刚强是成大事的重要前提；毅，坚毅，为信念坚定，成就理想；木，质朴，为真实，为善，为纯洁，为正直，受人尊重，获得众人拥护；纳，是谨慎，小心认真，谨言慎行，可减少失误。但仍属接近达到仁了，不能等于仁。"仁"是儒家中的道，是儒

---

❶ 《论语·颜渊》。
❷ 《论语·阳货》。
❸ 《论语·颜渊》。
❹ 《论语·子路》。

家理论中的形而上,是人本主义思想中深厚的哲学精神。

四、乐舞神韵,尽善尽美

孔子对周公所制之礼乐非常敬仰,将恢复周代礼乐制度作为自己的社会政治目标,孔子是恢复周公礼乐制度,不是新建。其伟大贡献是提出了礼的内在本质,人之心灵至高品格和境界"仁"的概念,阐述仁与礼的关系,建立了"仁"学思想体系。

文献资料记载,孔子对于"乐"教做了许多重要工作。

(1)孔子对乐进行了重要的整理工作。"子曰:'吾自返鲁,然后乐正,雅颂各得其所。'"❶《诗经》风雅颂三部分,每首诗都配有乐章而能歌。孔子返回鲁国后整理定制了诗经的内容和乐章,使之各归其正确的位置。西汉史学家司马迁在《史记·孔子世家》载:"三百五十篇孔子皆弦歌之,以求合韶、武、雅、颂之音,礼乐自此可得而述。"❷

(2)孔子是乐舞之美与善统一论的提倡者。孔子有极高的艺术欣赏水平,有极高的艺术审美修养。"子谓《韶》,'尽美矣,又尽善也。'谓《武》,'尽美矣,

---

❶ 《论语·子罕》。
❷ 《史记·孔子世家》。

未尽善也。'"❶《韶》，为舜时的乐舞，是表现虞舜通过禅让来继承帝位的主题思想。《武》，是武王时之乐舞，是赞颂武王武力伐纣灭商之功绩的主题思想。这里孔子提出艺术欣赏和批评的标准是美与善的统一，好的艺术作品既是美的又是善的，既要好看，又要益于教化。即是寓教于乐，是内容与形式的统一体，艺术与道德的统一体。对美，主要是评价乐舞的形式，对善主要是评价艺术作品的内容（艺术精神）。这里孔子提出艺术审美或批评的最高标准——"尽善尽美"。

美与善的统一是孔子乃至儒家对艺术的基本要求。古之有的学者如许慎《说文》说："美与善同义。"❷这两个字确是从羊字上分出的。羊大为美，羊入口为善，从古字义中可能是通用的。但孔子在艺术审美中将美与善分属于两个不同的范畴，"美"归入艺术的范畴，"善"归于道德范畴。而两个范畴是可以互为辩证的统一体。正如西方美学家、英国心理学家克莱夫·贝尔（Clive Bell，1881—1964年）所说，艺术形式非常重要，但其非一般的形式，贝尔提出一个重要的现代形式主义美学的概念——"有意味的形式。"❸但不要理解为我们平

---

❶ 《论语·八佾》。
❷ 《说文》。
❸ 《西方美学史》。

常所说的"内容与形式的统一。"他说"意味"不完全是我们常说的主题、思想等,而是西方的最高世界之本源——上帝,或是无所不在的神韵、永不灭的心灵。好似中国美学中的气韵、神韵、味道等。人们可以去体悟,不是能用语言说得很清楚的。美学家、艺术家就是喜欢"玩"一些难以说清的东西,越说不清的反而越觉得有味道,有玄妙感,要是说得一清二楚,会觉得没什么味道了。虽然因人的认识和语言对形而上的东西是有局限性的,有些东西是难以说清楚的,可明知是不可说的,哲学家、美学家、思想家、教育家都在千方百计地说明它、解释它。故东西方的哲学著作、美学著作、艺术理论,一本又一本,越来越厚,却滔滔不尽。为什么?这就是学者、理论家的真性情,越是说不清的越想去说清楚,越要千方百计创出点新东西来!是知识分子的骨气、韧劲,也是一种向上的人文精神吧!

  当然,孔子也不例外,也是要想把"难题"说清楚的。他本人主张不可为而为之,要立功、立德、立言。那么孔子是如何评价"乐舞之美"呢?"子曰:'《关雎》,乐而不淫,哀而不伤。'"❶乐与哀是人的七情六欲,是人之常情。艺术作品会激发人的性情,孔子认为乐舞要使人快乐而不过度(淫),哀使人悲苦而不受损害。

---

❶ 《论语·八佾》。

乐舞之情要"中和",使人之情欲要恰当、适度,以合中道。后人荀子也曾说:"诗者中声之所止也"。[1]"故乐者,中和之纪也。"[2]故孔子常批评"郑声淫""乐则《韶》《武》,放郑声,远佞人。郑声淫,佞人殆。"[3]此为孔子回答颜渊如何治理国家之问的部分内容。要采用舜之韶乐,周之武乐,提倡以雅乐进行教化。要放弃郑国之淫乐,疏远花言巧语的小人,即是治国两大举措,正礼乐,远小人。礼乐正则风气正,远小人则圣贤近,国家就会治理好了。孔子是批评郑国之新声情绪太过度,会使人情绪失控而放荡。

孔子的艺术批评或艺术审美最高境界是美与善的统一,是"尽美"又"尽善",孔子认为《韶》乐是尽美又尽善的,是因为《韶》是歌颂舜禅让天下,舜之所以会禅让是出于天下为公之心,天下乃天下人之天下,而非一人之天下。这是体现了"仁"的精神。"有天下,而不与焉。"[4]故孔子十分推崇《韶》乐,说:"子在齐,闻《韶》,三月不知肉味。"[5]孔子认为《武》乐,武王以武力克商取得天下,虽然顺应天命,也和民心,

---

[1] 《劝学篇》。
[2] 《乐论》。
[3] 《论语·卫灵公》。
[4] 《论语》。
[5] 《论语·述而》。

但不如舜禹禅让制方式美好,虽为善举而不尽完美。

（3）孔子的礼乐教育彰显了艺术的人生价值。孔子在《论语·泰伯》曰:"兴于诗,立于礼,成于乐。"❶诗教、礼乐教育是孔子教育的基本内容,也可以理解为通过人文教化使人不断成长的教育体系。"兴于诗"是人文教育的基础。孔子曾说不学诗无以言,学诗可以使人有更好的语言表达能力,有益于表达自己的思想观念。兴于诗,还可培养人的联想思维能力。孔子还说:"《诗》三百,一言以蔽之,曰:'思无邪。'"❷《诗经》三百余首,内容非常丰富,孔子用一句话给予概括——思想纯正。故学诗还可以陶冶真诚、正直的情感。在孔子看来,学《诗》重在一个人提升思维能力和语言表达能力。进一步要学礼。一个人要进入社会做事情,人是社会人,要和他人交往合作,要学会做事,就必须要懂得礼,要懂得怎样与各种人打交道,怎样处理好各方面的关系,才能立足于社会,做好所从事的事业。一个人会思考、会表达、会做事是立足于社会的基本功夫。但要做好大事,做成功事就还要学"乐",因为学"乐"可使人达到更高的思想境界,这就是和谐的境界,是多元而统一的境界,是宽厚包容的境界。《论语·述而》

---

❶ 《论语·泰伯》。

❷ 《论语·为政》。

曰:"礼之用,和为贵。"❶标志着圆满而功成——乐使礼之有分别而有序的各种人际关系实现和谐而统一。这是人类史上将艺术精神作为人生最高价值追求的文化自觉,也是对艺术精神的最高赞礼。礼乐均为仁的外在表现,"仁"当然会有更为深刻、更为理性的"人道"内涵,而"乐"在审美情感上更近于仁。

(4)孔子对乐有极高的修养。孔子为何闻《韶》乐而三月不知味?为何提出"成于乐"的艺术价值自觉。这是孔子传承周代文明的礼乐制度,从思想家的视角认识到礼乐之制是治理国家的重要典章与文化教化。但另一方面(最重要方面)是孔子本身对乐有着很高的修养。"子语鲁大师乐,曰:'乐,其乐可知也;始作,翕如也;从之,纯如也,皦如也,绎如也,以成。'"❷这是孔子同鲁国主管乐舞的最高长官讨论乐的问题。孔子深知乐理,以概括的语言说明乐曲演奏的特征,钟鼓、琴瑟合奏齐鸣要和谐、协调统一,翕为和合。但各种不同器乐又要有自己独特的音色和旋律,和而不同,各呈特色,作为个体之乐是纯如也。乐曲之节奏、音节又是分明的、高低起伏的,皦如也。绎如是表示乐曲虽分章分节,又是相生相合、连绵不断的。整个乐曲的结构为

---

❶ 《论语·述而》。
❷ 《论语·八佾》。

始作、展开、完成，即起、承、转、合。

可以看出，中国当时乐以成章。所谓乐章不单是一首百姓唱的民歌，是完整的多部旋律构成的大型乐曲，是多种器乐的合奏与独奏。

孔子之所以能同国家掌管乐舞的长官讨论乐曲的专业问题，是因为他对乐舞进行过深入的专业学习，有较深厚的专业素养。《史记·孔子世家》载，孔子曾学鼓琴于师襄门下，并详细叙述了孔子学乐的进度情况。"孔子学鼓琴于师襄，十日不进。师襄子曰：'可以进矣。'孔子曰：'丘已习其曲矣，未得其数也。'有间，曰：'已习其数，可以益矣。'孔子曰：'丘未得其志也。'有间，曰：'已习其志，可以益矣。'孔子曰：'丘未得其为人也。'有间，有所穆然深思焉，有所怡然高望而远志焉。曰：'丘得其为人，黯然而黑，几然而长，眼如望羊，心如王四国，非文王其谁能为此也！'"❶孔子学习乐经历由浅入深的过程。开始先认真学习掌握乐的技术方面的问题，先用一定时间认真学习好"曲"与"数"的问题，从乐的技术技巧上打好扎实的基础，然后努力学习领悟乐技术背后深刻的艺术精神，"志"即是乐曲之精神。再更进一步通过对艺术精神的把握升华至音乐人格心灵的感悟、沉浸与融合。《论语·述而》

---

❶ 《史记·孔子世家》。

中载:"子与人歌而善,必使反之,而后和之。"[1]叙述了孔子同别人一起唱歌之情境,孔子同人一起唱歌,若别人唱得好,就请人再唱一遍,然后还要跟着再唱,此情景可见孔子对艺术之喜爱。用今天的话说,孔子的器乐、声乐水平都是有深厚修养的。

---

[1] 《论语·述而》。

第五节　关于礼乐之制的管理思想及现代意义

一、礼用明分，守职尽责

礼所体现的管理思想主要是："明分"，是分，是别，是定位。明分的作用基本有两个方面：一是管理工作系统而有序，各安其位。二是管理系统内部因有位、有别而相互尊敬，使员工各守其职、各尽其责。

依礼的要求首先要建设好管理的组织机构。一是建立企业的组织系统，如董事会、党委会、总经理以及副总等。二是设置相应职能部门，如生产经营部门、研发创新部门、技术业务部门、销售市场部门、财务计划部门、行政管理部门等。三是确定岗位职责，如定职位（级别、权力）、定职责（管理的内容、完成目标）、定人员、定奖罚。

礼之美主要表现为秩序之美、形式之美。

首先大自然的运行是有序的，春夏秋冬周而复始。一天有昼有夜。有四季才有万物生长收获，有白天黑夜才有工作和休息之调换，世界物质之生存链条，五行之相生相克，这才是世界之大美。大自然运行是有秩序性的，人类可以把握自然之序而幸福、愉快地工作、生活。

艺术本体存在是形式，说艺术美不美，主要是看其形式的呈现，并不主要是内容。舞蹈美主要表现在形体、技术、技巧的成熟和流畅；绘画美主要表现在线条、色彩、光线的运用方面；音乐美主要表现在旋律、节奏、诗歌、声韵、格式的呈现上。从事艺术工作的管理要特别注重大处着眼、小处着手，于细微处见功夫。艺术家具有长期职业训练修养，形式感很强，内心既感性又注重外在呈现，艺术管理组织既要职责规定明确，更要处理方式恰当，在外在形式上要比较完美、细致，切不可粗放、轻心。

二、乐功和谐，团队精神

乐之功用能直接感化人的情感。人不同于其他生物，人有心，一切情感由心而生，这种情感是高级情感，但首先是心情之愉悦。无论中西方美学，审美之重要功能是要使人快乐，即产生快感。生活快乐是人幸福的根本标志。快乐使人健康，快乐使人向上，快乐才使人正确看待世界、社会和人生，快乐能生发出基本的正能量，快乐是和谐之基础情感。无论在工作还是生活中，你一接触这人感觉很快乐，才愿意打交道，若一接触就不快乐，就会疏远了。乐之功能会使人快乐，遇到不快乐的事，欣赏乐舞让人放下了，快乐了，心中的阴天又变晴天了。

乐之美与善是统一的。乐又有德化之功，可陶冶人之心灵，让人之心灵纯净——向善。孔子闻"韶"，三月不知肉味。可见乐使孔子心情多么愉快，乐之美味长达"三月"不失，比肉还香，还快乐。更重要的是孔子评价"《韶》，尽善又尽美"。孔子所能三月不知肉味，不只是听"韶"乐之情感快乐，是纯洁心灵的精神境界升华，是美与善艺术精神对人生价值的升华。

乐之功用是协调与和谐。从社会组织与企业组织，无论是上下还是左右间的相互关系最为基本、最为重要的原则即是分工与合作。分工以明确职责落到实处，事有专人负责而有利于提高工作效率，并减少不必要的纠纷与矛盾。但由分工获得的只是一个局部的效应。任何组织的总任务、总目标都需要各职能部门间的相互协作与配合才能高质量、高效率的完成。如一个企业要想获得好的效益，生产部门要生产高质产品，不断提高产品的品质；营销部门不断开拓市场，打造品牌效应；财务部门严格控制成本，重点加大投入；科研部门要不断据市场需求开发新产品，缺失哪个环节都会在整体链条上形成被动。企业组织无明确分工等于无组织状态，会无序无责，一片混乱。但只有分工无合作又会各行其事，难以形成团队的合力。

协调与平衡是管理工作的重要职能，而且是企业主要领导——尤其是高层领导的重要职责。道家强调领导者要"无为而治"，但各职能部门间的协调与平衡的重要环节必须是顶层领导把握的。因每个具体部门只是完成自己的职责，无权干涉其他部门工作，但各部门领导要有全局意识和协调合作意识。要树立团队意识，集中力量抓好核心项目，有些研发创新的核心项目关系到企业的命运和前途，甚至是民族、国家之命运，必须要集中主要人力、物力、技术资金，以团队集体智慧力量去攻克。此时任何个别部门、局部力量都是有局限的，都要为全局利益付出重大的代价，要强调局部服从全局，使整个团队形成一盘棋，"以和为贵"，增进团队的和谐一致正是乐的特殊功用。

案例1："马云传奇"[1]

中国当之无愧的"创业教父"马云的成功总会被人们当成话题进行谈论。他今天的成功离不开其独特的管理风格以及独到的发展眼光。他的身上有无尽的管理宝藏等待着管理者挖掘和学习。

---

[1] 参考中国人力资源网：《马云传奇》。

作为管理者，马云更看重"人"。他的员工可能没有太大的能力，不是从优秀院校毕业的高材生，但是一定具有一颗愿意跟随他共同创业的心。在选对合适的人后，入职前公司将对员工进行将近1个月的培训。培训内容围绕文化制度、产品知识、技能心态这三项。除此之外，在其正常的岗位工作中也会根据工作的岗位不同设定培训的内容。其次，阿里巴巴对公司员工的定位十分精准。公司将员工分为具有潜力、潜力一般以及没有潜力三类，通过上级对下级的评选调整下级的工作职责以及范畴，并且通过这样的评选过程让上级更关注下属。这样的员工排序方式既能让员工为共同的目标调整自我的努力，也为上下级的沟通和协作搭建了一个坚固的桥梁。让下属不断努力也让上级主管明确职责。

马云认为要想使公司高速发展离不开各个部门的协调配合。正因如此，他制定出轮岗制度，并且在中层干部中实行。这样的形式可以让中层干部体验其他部门的工作情况，通过轮岗进而形成换位思考同时增加各个部门之间的合作。在这种轮岗换位的工作中，员工可以体验到新鲜感、乐趣以及感受到挑战，这个过程要求中高层管理人员进一步学习提高全面素养及综合能力。

公司还建立了一套激励机制。公司会评选出20%的优秀员工，并且给予丰厚的工资待遇，但是这个选拔是一个相当严格的过程。在这种奖励机制的鞭策下，剩下的员工将不断提醒自己，用最高标准要求自己努力争取做到那最优秀的20%，而已评为优秀的员工不敢怠慢更是勤勤恳恳地工作。在公司运行中也会不可避免地出现一些带有负能量的员工，由此，阿里在每个部门中设立一个角色进行正能量的传递和正确的价值观宣传。

每一个企业都由或多或少的人员构成，企业组织的管理应首先落在对人员分层级、依照不同类别进行管理上，才能保障企业组织有序高效地正常运行。再是细致的员工管理的背后是阿里巴巴集团对人才的重视和保护，相信每一位员工的能力，激发让所有的人才都能在公司中找到最合适自己的岗位，形成一个高度协调有合力的团队。阿里集团的员工管理真正体现了以人为本的管理思想，让人才成为公司进一步发展的助推器，才成就了今天的"马云传奇"。

三、礼乐之制，重在化育

周代礼乐制度主要是用于约束或管理统治阶级的，是用于维护统治阶级内部人伦秩序、进行人文教化、提升统治者道德修养的管理制度，对周王朝的统治和社会稳定起到非常重要的作用。礼乐制度要求每个人都明确自己的身份位置，并且坚定不移地以"礼"进行自我管理，以高尚的德行自我约束。周王朝的建立，源自纣王暴虐无度、失去天德而起兵伐之。周武王为解救天下百姓，是崇尚道德的君王。礼乐制度的建立是周王朝认真吸取了纣王失德而丢掉天下的惨痛教训，从上至下、从内到外将"敬德保民"作为最高政治要求。这样，周王朝获得了广大百姓的拥护和支持。因此，礼乐制度对周王朝形象的建立和宣传也有极大帮助。所以，礼乐制度对内约束统治阶层，对外宣传周王朝的统治理念，就如同周王朝的"企业文化"一般既是让君臣信奉的行为准则，又是让百姓信任的最好宣传，这样的"企业文化"值得我们艺术企业借鉴和深思。

案例2：迪士尼的"快乐文化"❶

迪士尼公司成为世界上规模最大的娱乐公司，这与其打造的"快乐文化"密切相关。"快乐"不仅体现在对每位顾客的尊重，还体现在服务人员的脸上时刻都充满着善意的笑容。其文化延续着"欢乐等于财富"的理念，并主张"员工服务客户，经理服务员工。"由此可看出迪士尼将顾客放置于第一位并处处体现着对员工的尊重和关怀。

迪士尼公司以"欢乐"为企业的经营理念，并注重

---

❶ 参考中化文本库：《迪士尼的快乐文化》。

对员工的快乐培训。时刻保证员工拥有快乐的情绪。培训共分三个阶段，先对迪士尼文化、历史及现状、公司理念等进行学习；再进行实地操作，对各项娱乐活动亲身实践，参与其中；最后，在基于对迪士尼文化有一定了解和体验的基础上进行岗位培训。通过不同阶段的培训让迪士尼的"快乐"精神贯穿工作始终。从米老鼠的形象到后续一系列的动物、卡通人物的形象，迪士尼逐渐将"欢乐"渗透到人们的心中并始终传递着正能量。迪士尼公司希望每一个员工都能成为传播快乐的迪士尼人，让每一位走进迪士尼的顾客都能享受到迪士的欢乐与梦幻。

由此可见，企业发展理念及企业文化的创造是企业发展的根基，是企业内部发展与外部影响统一的基础。企业在当前市场经济环境下面对激烈的竞争，良好的企业文化就是赢得消费者芳心的重要武器，也是统一企业价值观，做到企业表里如一的行为准则。

四、礼乐相融，刚柔并济

礼乐制度中"礼"是标准的硬性规定，明确规定出级别的差异和行为的准则，而"乐"则是通过道德教化从思想上影响人们主动遵守和认可礼乐制度。《礼记·乐记》中提到："乐者为同，礼者为异。同则相亲，异则相敬。乐胜则流，礼胜则离。"❶意为乐的作用在于协调上下，礼的作用在于区别贵贱。上下协调就会互相亲近，贵贱区别就会互相尊重。过分强调乐会使人际关系随便，过分强调礼会使人际关系疏远。由此可以看出，礼乐制度的管理方法中体现出"礼""乐"两者刚柔并济、互相配合的管理之道，"礼"作为刚性的管理规定区别贵贱之分，但"乐"则作为柔性的管理方法统一人们的思想和认识，刚柔并济才能保持制度体系中人与人之间适度的关系。

案例3：诸葛亮的"攻心之计"

诸葛亮七擒孟获可谓是军事史上的一个绝妙战例。当时南蛮酋长孟获率十万大军攻打蜀国。诸葛亮为化解蜀国的后顾之忧决定亲自上阵领兵平孟获。两军第一次交锋，孟获被诱入圈套，兵败被擒。虽被擒但孟获不服，他表示若是放了他下次再交锋一定能击败诸葛亮。诸葛亮听了之后，下令放走孟获。不少将士提出异议，为何不乘胜追击，打破敌军。但诸葛亮考虑到不让对手心悦诚服主动投降是难以安定南方，必有后患，因而他断然放孟获。以后的几次孟获所施计策无一例外的被诸葛亮识破，六次被擒又六次毫发无损地释放。直至最后一次，

---

❶ 《礼记·乐记》。

诸葛亮第七次生擒孟获。这次，孟获终于意识到了自己不如诸葛亮，且感谢诸葛亮的不杀之恩，并立誓永不再犯。由此，蜀国之西南得以安定。

其实诸葛亮采用的是攻心之计，前前后后费了很大的周折。但是其目的是使南方彻底臣服于蜀国，让他的北伐无后顾之忧。孟获本是南蛮首领，只有让他心悦诚服地主动请降，才可真正地解决南蛮的侵犯。

因此，思想上的认同是组织协调统一的重要基础，制度和规定如果不能建立在思想认同的基础上，就会产生巨大的隐患。回顾春秋战国时期礼崩乐坏的原因，正是社会存有刚性的体制，而内心却失去了柔性的道德约束。

小结

礼乐思想是由孔子在弘扬西周礼乐文明制度的基础上产生和创立的，由孟子、荀子进一步继承、弘扬和完善，最后形成了一套较为完整的儒家政治制度和人文教化体系。它以孔子的仁学为核心，以礼乐思想理论为基础逐渐发展丰富，在我国传统文化上占有极其重要的地位。儒家礼乐的主张，是把乐与礼制的规则有机的融合在一起，是伦理思想与诗、乐、舞的浑然一体，并通过普世的乐舞形式对民众进行潜移默化的影响，成为感化和教育民众最直接和最有效的手段和方法。无论时代如何变迁，儒家礼乐所传达的精神为审美依然以不同形式和方式存在着，并得到继承和发展，也在无形中担任起了净化民众心灵，提高民众的修养，完善民众品格的动力。因此，借鉴儒家礼乐思想对艺术管理的启示，对提升艺术管理理论构筑有着积极的推动作用。同时，研究儒家礼乐思想可以提高艺术管理者的文化品位和道德修养，从而促进艺术管理学科和文化产业的健康发展，推动我国精神文明的建设，对构建和谐社会有重大意义。

第三章 仁义思想与艺术管理

第一节 儒家"仁、义"思想的含义

仁、义是中国从古至今在道德范畴上使用次数较多的一组字。《周易·说卦传》中说:"立人之道曰仁与义",是说"仁、义"是一个正直的人应该具有的为人之道。清代学者王永彬在《围炉夜话》中指出:"仁字从人,义字从我,讲仁讲义者,不必远求"❶。是说:"仁"是人之为人的个体,通过自身不断的修炼,表现出对别人的一种发自内心的关爱态度;"义"是人之为人的个体在别人眼中呈现的一种外在形象和内在涵养体现,追求仁义,无须舍近求远,反求诸己即可。

从上述两段话中我们可以看出,"仁义"并不是一个理论意义上的抽象概念,而是要我们每个人从自我出发寻求,而非借助外物它力的一种人性修为。施善于亲友邻里就是"仁",重承诺、守公义、讲信义便是"义"。

---

❶ 《围炉夜话》。

儒家是修己安人的学问，大成至圣先师孔子的一生都是通过因材施教的方式引导和教化弟子、君主、臣民通过"修身"达到"齐家、治国、平天下"的。其中，《论语·宪问》中的"修己以安人"五个字便是对"仁、义"内涵最高度的概括。

一、仁者爱人，尊亲爱众

"仁"是中国古代一种含义极广的道德范畴，它是人与人之间相互敬爱的一种最深切、最本真的方式。"仁"字首要的含义就是"亲人"，这种"仁爱"之情，首先关爱于家族亲属之间，主要是指家庭成员之间、氏族亲人之间要"亲爱"。后来随着历史的不断更迭和演变，"仁"的含义得到了进一步扩展，由"亲人"发展到了"爱人"。关于"仁者爱人"的思想，最早见于《尚书》。《尚书》中说："克宽克仁，彰信兆民"，[1]意思是说当年商汤用宽恕仁爱之德，明信于天下的百姓。

先秦儒家创始人，被人们誉为"大成至圣先师"的孔子十分注重和强调"仁"的思想，把"仁"作为人一生追求的最高道德标准和道德境界，从而形成了以"仁"为核心的伦理思想结构。纵观整部《论语》，提到的与"仁"相关的论述大概有109处之多。从"孝悌仁之本

---

[1] 《尚书·商书·仲虺之诰》。

与"的家庭伦理、长幼次序,到"泛爱众""里仁为美"的社会人伦、亲疏秩序,到"人而不仁如礼何,人而不仁如乐何?""至于道、据于德、依于仁、游于艺"的礼乐教化制度,到"己欲立而立人、己欲达而达人""己所不欲、勿施于人"的君子忠恕之道,再到"巍巍乎,舜禹之有天下也而不与焉!"的德平天下的终极目标。

可以说"仁"的思想始终贯穿于整部《论语》之中,是孔子理论思想体系的核心,也是儒家最深切、最普遍的哲学范畴。

(一)"礼崩乐坏",重功谋利

任何一个理论的提出,都与其当时所处的历史背景、社会环境有关。《尚书·周书·金縢》记载,周公自称:"予仁若考,能多材多艺,能事鬼神。"[1]可见周公时代,把仁视为人的一种品德。到春秋时期,"仁"的观念大量出现,其含义不断丰富,"仁"涵盖的范围越来越大,抽象的程度越来越高。《左传·襄公七年》:"恤民为德,正直为正,正曲为直,参合为仁。"所谓"参合",就是说德、正、直三者合为一体,被"仁"所统摄,"仁"则成为一个具有了一定程度的抽象性和普遍性,涵盖了德、正、直等规范的概念。

孔子在《左传》的基础上对"仁"做了进一步的提

---

[1] 《尚书·周书·金縢》。

升和抽象，把"仁"熔铸成为一个统摄诸多伦理条目的哲学概念。孔子一生崇尚仁、追求仁、穷尽仁、关爱仁、把仁看作是圣人君子应当具备的品德，这主要表现在他用德来说明"仁"，认为修德是成仁的关键。这与当时孔子所处的"礼崩乐坏"的动荡社会环境和人们需要通过"制礼作乐"恢复其心灵秩序的迫切需求密不可分。

《论语》一书中最早能够体现和反映"礼崩乐坏"社会背景的是《论语·八佾》中孔子批评季氏的一段话：孔子谓季氏："八佾舞于庭，是可忍也，孰不可忍也？"❶这段文字是孔子在批评季氏在自己的庭院中用天子的舞蹈阵容，因为在西周初期的封建统治中对于天子、诸侯、大夫和士欣赏乐的仪式是有严格、明确的等级制度划分的，这在《春秋左传》《春秋公羊传》《独断·卷上》中都有明确的记载：

  天子用八，诸侯用六，大夫四，士二，夫舞所以节八音，而行八风，故自八以下，公从之，于是初献六羽，始用六佾也。❷

  谷梁子曰：舞《夏》，天子八佾，诸公六佾，诸侯四佾。❸

❶ 《论语·八佾》。
❷ 《春秋左传·隐公五年》。
❸ 《春秋谷梁传·隐公五年》。

天子八佾，八八六十四人，八者，象八风，所以风化天下也。公之乐《六佾》，象六律也。侯之乐《四佾》，象四时也。❶

因此，孔子得知季氏在自己的庭院中用天子的舞蹈阵容，非常生气，说道："如果这样的事都能够容忍的话，那还有什么样的事情不能容忍？"

此外，在《论语·阳货》中也有相关记载："君子三年不为礼,礼必坏；三年不为乐,乐必崩。"❷意思是说，君子如果三年不遵循礼的规矩，礼必然就会被破坏；三年不演奏乐章供人欣赏，乐必然就会损坏其应有的功能。

《论语》上述的两段话表明：季氏破坏了周代的君臣上下等级关系，由此影响到民间百姓，三年不为礼，不奏乐，是孔子所处时代"礼崩乐坏"的最主要标志。我们以此作为切入点，对孔子所处时代的社会政治背景做出进一步的分析，得出了周代"礼崩乐坏"的原因大概有以下几点：

首先是生产方式的变革，"私家"占有生产资料的形式逐渐变革为"公家"占有生产资料的形式，如"私田"的增多和扩大蚕食着"公田"，以及三桓四分公室，"公室"的生产资料逐渐被瓜分。

❶ 《独断·卷上》。
❷ 《论语·阳货》。

其次是新兴阶层有意无意地破坏着为维护当时宗法等级名分所制定的礼乐典章制度,如季氏"八佾舞于庭",孔子批评他说:"是可忍也,孰不可忍也!"

最后是价值观念、道德观念、意识形态等方面的变革。在价值观念上:重功利主义,各国都图谋尽快富国强兵,以便与他国竞争盟主、霸主而忽视仁义;在伦理道德上:君不君、臣不臣、子不子,以至子弑父、臣弑君,打破君臣、父子等最基本的道德伦理规范;在意识形态上:天的信仰性的失落,天的权威性的迷失,怨天、疑天以至咒天、骂天思想的冲击,原来被外在天的权威压抑的个体意识的产生和对民的意志的重视。

这种"礼崩乐坏"意味着社会的整体结构,如经济、政治、道德、心理、行为、思维结构都处于大转变、大变革、大动荡之中。在这种情况下就特别需要通过制礼作乐来恢复人的心灵秩序。

(二) 克己复礼,天下归仁

孔子所处的时代"礼崩乐坏"已经达到相当严重的程度,为了能够使社会得到相对的稳定,孔子对于"礼崩乐坏"的原因进行反复的研究,试图通过恢复和重建礼乐制度来稳定社会和民心。

首先,他分析了"礼崩乐坏"问题的根源。他认为:虽然当时的社会环境表现为诸侯国间频发战争,周王朝及诸侯国内君不君、臣不臣、父不父、子不子,社会秩序混乱。但究其根本是人的心灵的扭曲,上层统治阶级的良心改变,道德丧失,不修身、不克制私欲,从而导致社会的恶性发展。《六祖坛经》中有这样一句话:"汝若返照,密在汝边。"❶ 意思是说:"如果一个人能够凭借智慧反观本心,妙法的奥秘就会在这个人身边"。因此,一个人只有内心善良,他的行为才是好的,内心有诚信,他的一言一行才会行于外,如果一个人的内心都是扭曲的,那么再好的外在行为制度也终究不会起到好的作用。因此孔子认为:"礼乐重建"的根本是要恢复人的心灵秩序。

其次,他进一步阐释了恢复人的心灵秩序的根本途径,那就是:"克己复礼"。孔子认为:"一日克己复礼,天下归仁焉。"❷ 就是要求人们用坚强的意志、顽强的拼搏精神,主持正义、捍卫道德、维护和平,一旦做到了这一点,普天下的人都会崇敬你、追随你、向你学习,这就是仁了。接着又进一步指出了达到"克己复礼"的四条外向性的要求:"非礼勿视,非礼勿听,非礼勿言,非礼勿动"❸。就是说,一切违反礼法的事都不要看、

---

❶ 《六祖坛经》。
❷ 《论语·颜渊》。
❸ 《论语·颜渊》。

不要听、不要说、不要做。这样就可以达到"克己复礼"了。

最后，他表明："克己复礼"的核心是要整个社会确立仁的人生思想观念。"克己"才能"复礼"，"克己"是"复礼"的思想基础与前提条件。即人具备良好的思想道德才能产生高尚的行为。制度对人的行为有一定的约束作用，但不能解决思想道德问题，社会秩序不能替代心灵秩序的建设。周公苦心建立的礼乐制度此时已呈"礼崩乐坏"，已是实际教训，思想道德问题还要用精神手段来解决。故孔子提出仁的思想，仁者爱人，爱社会的人，以强化社会的道德心灵教化，提升人的思想的境界。孔子深明礼与仁的相互关系。《论语·八佾》中记载了关于"仁"和"礼"的关系的论述："子曰：'人而不仁，如礼何？人而不仁，如乐何？'"❶在这段话中孔子明确说明了他的观点。他认为：对于不仁的人，礼法和音乐对其都是无用的。同时也表明了礼的本质是人应该有一颗仁德之心，如果没有，既不能遵循礼的秩序，又不能获得乐的享受。由此可以看出，仁是高于礼而存在的，仁是人本质的内在规定和道德自觉，是人们内在的深层次文化心理结构，是礼的内在本质体现，是礼乐思想的哲学基础。

❶ 《论语·八佾》。

（三）仁为己任，任重道远

纵观整部《论语》，孔子言及"仁"的语句达109次之多，从"仁者爱人""孝悌为本"两个方面来说明他所提倡的"仁爱"思想。分别从"安仁、利仁；好仁；推己及人；民兴于仁；仁以为己任；克己复礼为仁；仁者，其言也讱；仁者有勇；仁者不忧；民之于仁，甚于水火；恭、宽、信、敏、惠；殷有三仁；仁在其中"等来说明"仁者爱人"；从"孝弟仁之本与；三年无改父道为孝；无违为孝；孝慈则忠；孝乎惟孝，是亦为政"等方面来说明"孝悌为本"。

《论语·里仁》中曾说道："君子去仁，恶乎成名？君子无终食之间违仁，造次必于是，颠沛必于是。"❶意思是说，君子应该时刻把"仁"作为自己处世的标准，时刻提醒自己谨言慎行，不违反仁道，紧急时如此，颠沛时亦是如此。《吕氏春秋·不二》说："老聃贵柔，孔子贵仁。"❷《荀子·解蔽》也说："孔子仁知且不蔽。"❸可见"仁"是孔子思想中最有特色和思想智慧的范畴之一，孔子在对"仁"的抽象和提升中对人进行了反思，把"仁"作为君子（士）最根本的道德规范来要求，奠

---

❶ 《论语·里仁》。
❷ 《吕氏春秋·不二》。
❸ 《荀子·解蔽》。

定了儒家仁学思想的基础。主要体现在以下两个方面:

1. 弟子问仁

《论语》一书中记载着许多孔子回答弟子们问"仁"的言论,其内容都是人们日常行为中所要遵循的各种具体规范和原则。樊迟三次问"仁"时,孔子均针对当时的所处情况做出了不同的回答:第一次说,吃苦在前、享受在后,就算仁了;第二次说,对人慈爱,就算仁了;第三次说,在家守规矩、工作上一丝不苟,待人忠心耿耿,即使到了愚昧之地,也不可背弃这个做人的准则。在《论语·颜渊》一章:司马牛问仁时,孔子说:"仁者言谈谨慎。"❶颜渊问仁时,孔子说:"用坚强的意志、顽强的拼搏精神,主持正义、捍卫道德、维护和平,这就是仁。"仲弓问仁时,孔子说:"出门时要像会见贵宾一样庄重,建工程时要像举行盛大祭典一样严肃。自己不愿做的,不要强加于人。"同事相处融洽,亲属和睦友爱。在《论语·阳货》一章:子张问仁于孔子。子曰:"能行五者于天下为仁矣。"请问之。曰:"恭,宽,信,敏,惠。恭则不侮,宽则得众,信则人任焉,敏则有功,惠则足以使人。"

2. 仁者品质

《论语》中除了孔子回答弟子"问仁"时对"仁"

---

❶ 《论语·颜渊》。

做出的解释之外，还提到了作为仁者应该具备怎样的良好品质。

在《论语·里仁》中有三处关于"仁者"的内容：一是"仁者安仁，不仁者不可以久处"，孔子说："品质恶劣的人，忍受不了贫穷，享受不了快乐。仁者安仁，智者利仁。"二是"唯仁者能好人、恶人"，孔子说："只有仁者能正确地爱人，正确地恨人。"；三是"好仁者，无以尚"，孔子说："我没见过喜欢仁道的人，厌恶不仁道的人。喜欢仁道的人，认为仁道至高无上；厌恶不仁道的人，目的是避免受不仁道的人的影响。"在《论语·子罕》中提到了"仁者不忧"。孔子说："明智的人不会迷惑，仁爱的人不会忧愁，勇敢的人不会害怕。"在《论语·宪问》中提到了"仁者，必有勇"。孔子说："品德好的人一定言谈也好，言谈好的人不一定品德好。高尚的人必定勇敢。"

无论是上述的弟子问仁，还是孔子自己所描述的仁者所具备的品质特征，从其本质上讲都可以归结为"仁者爱人"。而"仁者爱人"的思想主要体现在两个方面：一是对父母亲人的爱；二是对朋友、学生、邻里、社会民众、自然万物的爱。对父母的爱就是以孝悌为本的爱；对自然、社会万物的爱就是泛爱众的爱。

二、仁者安仁，义者宜也

（一）立人之道，亦仁亦义

在中国传统文化中，"仁"和"义"是并提而不相分离的，《周易·说卦传》说："立人之道曰仁与义"，仁义之道是儒家提倡的做人的基本原则。如果说前面的"仁"是重在对内对己而言，是对己心而言，那么这一节所谈到的"义"就是重在对外而言，是对他人关系而言，当我们走出家族的生活范围，走向社会时，就经历着从仁到义的转变。《论语·里仁》说："君子之于天下也，无适也，无莫也，义之与比"。就是说，君子对于天下事，不刻意强求，不无故反对，一切按道义行事就可以。《礼记·丧服四制》说："门内之治恩掩义，门外之治义断恩"。当我们离开家，与社会上的人们交往时，遵循的道德是"义"。义是君子跟天下人打交道时的根本原则。

（二）礼则民敬，义则民服

礼是人内心的义的具体实现形式。一方面，礼是历代的圣王制定的，圣王们制定礼的时候，就是根据人们面临的实际生活状况，本着解决好社会问题的原则，也就是"中"的原则。因此，礼就是"中"的哲学思想体现。另一方面，礼，尤其是周礼，是长期以来逐渐形成的，被证明是非常有效的。子曰："周监于二代，郁郁乎文哉，吾从周。"❶ 历代的礼当然会根据不同的需要做出损益，所谓："殷因于夏礼，所损益可知也；周因于殷礼，所损益可知也。"❷ 但是损益的原则却是相同的，那就是因时制宜，也同样是义的体现，所以孔子又说"其或继周者，虽百世可知也。"❸

礼，是根据一个人在社会上的身份、地位来规定他的权利和义务、言语和行为。礼最重要的功能是让每一个人都知道自己的本分是什么，从而根据这个本分对自己的社会行为做出判断。对于"义"与"礼"的关系《论语·卫灵公》中说"义以为质""礼以行之"的是君子；《论语·学而》中，有子说："信誉符合道义，才能兑现诺言；恭敬符合礼法，才能远离耻辱"。"义"与"礼"有怎样的作用呢？《论语·子路》中说："上好礼，则民莫敢不敬；上好义，则民莫敢不服；上好信，则民莫敢不用情。"❹ 说的就是：领导者重视礼法，群众就不会不敬业；重视道义，群众就不会不服从；重视信誉，群众就不会不诚实。由此可见尊"礼"尚"义"的重要意义。

---

❶ 《论语·八佾》。
❷ 《论语·为政》。
❸ 《论语·为政》。
❹ 《论语·子路》。

（三）义正礼敬，人伦秩序

在儒家思想中，"义"是与"礼"密切相关的一个问题，《中庸》曰："义者，宜也，尊贤为大。"❶如果说礼确定了周代社会天子至民众每个人不同的名与分，确定了每个人在社会中的定位和责任，"义"是要说明各不同的名分怎么相对才是适宜的，才是恰当的。《礼运》中指出："何谓仁义？父慈、子孝，兄良、弟悌，夫义、妇听，长惠、幼顺，君仁、臣忠，十者谓之人义。"❷"人义"即是人为人的社会关系中所应当把控的准则多大程度，是根据人在社会伦理秩序中的身份而定位，而做"应当"的行为。它是对人外在行为的制约和规范。"义"对"礼"是一种内涵的补充与诠释。

《礼运》（也为礼记）中所讲的十大关系的要求是双方性，每对关系中双方都是有义务的，不只是单方的义务。这与后来汉代时的"三纲"显然区别重大。三纲是导向，君为臣纲、父为子纲、夫为妻纲，导致君叫臣死臣不死为不忠，父叫子亡子不亡为不孝。这些非儒家原本思想，是后来为统治者服务的消极的思想，当废除。《礼运》中的十大关系是父要慈子安能孝，君仁才臣忠。父亲是个坏人，子怎样孝呢？君是昏者，臣怎能事事言

---

❶ 《中庸》。
❷ 《礼运》。

听计从呢？"义"是指关系双方每方都要尽到自己应尽的义务和责任，这才是每个人据名分定位的"应当"之义，才是行为之"适宜"，是中正之义，而不是不分是非的哥们义气。

"义"是一种身份，只能体现一种关系，为有伦有理。十大关系体现在社会生活中只能一种身份体现一种关系，若一种身份体现多种关系，就叫乱伦。一个人在不同情境下有多种身份，一种身份只能对应一种关系。如对父母是儿子的身份，体现这种身份就是对父母要尽孝，儿子的身份只能是对父母而言的，不能也同时成为他人的儿子。现在社会上也有所谓的干爹、干爸，有多少父女真情？大都是为了利益，在情感上、伦理上都是一笔糊涂账。你对自己的学生是教授、是老师，但不代表别的场合你也是老师、是教授。你在公司是董事长，处处居高临下指挥、命令别人，你回到家后是丈夫、是儿子或父亲，就不能再端出董事长的派头了。随着不同场合的变化，我们的身份要改变，位不同，名不同，分也要变，义务也就变了。有一句歌词"到什么山就唱什么歌"，词意简明，但很智慧。

到了不同的场合自己要明确今天的身份是谁？当下是谁？要先定位，才能找准角色，才能真正做到行为恰当合适，才是真正做到"义"。真正懂得了，做到了，才能成为生活中的智者。但现实社会中的各色人物真正做到十分不易，尤其在顺风得意时，往往是狂妄、任意而为，早忘了自己是谁，处处认为自己唯此唯大。

再回顾礼乐制度，"礼"与"义"对人类文明建设的重大作用有三条，一是对人的"人情"之自然堕落倾向或人性向物欲深化倾向的制度性的预防和治理；二是礼乐制度建立将使人与自然界其他物种相区别，使人走向人文之道、神圣之道；三是将人的精神世界与他本身的"自然"肉体欲望相区别，进行人的精神的修养与建构，树立起人的特殊之"人格"，获得人道的尊严。可以说"礼""义"是人与非人的分界，是社会中文明与野蛮的分界。

这种礼乐制度是以现实社会全体基本价值为最高目的的，追求的是社会全体成员间的和谐境界，因而对个体说都带有外在的强制性，在某种方面或某种程度上有对个体价值的压制和侵害，"义"虽然强调了"应当"，但也只是在一定范围内的，是相对的。孔子对西周礼乐文明表现了真挚的崇仰情怀，对其本质有着深刻的理解，他继而提出"仁"学，为"礼"之"义"进一步提供了终极理论依据。

孔子认真学习研究了夏、商、周三代文明，对西周文明，对周公极为尊重崇拜，满怀敬仰之情，但反观社会现实礼崩乐坏,其理想与现实反差太大了。所以孔子首先对现实社会进行批判,同时又对理想社会进行建构。概括而论:义正礼敬而为宜。那么,如何做到说话合时,做事合度呢?在《论语》中我们可以概括出以下三个方面:

首先要符合父慈子孝、兄友弟恭、长幼有序、君仁臣忠的社会人伦秩序。《论语·颜渊》中就有这样的记载:齐景公问政于孔子。孔子对曰:"君君,臣臣,父父,子子。"❶这段话充分说明,良好政治秩序的形成一定要合礼,只有君像君、臣像臣、父像父、子像子,一切符合礼所规定的人伦秩序,才能符合义之宜,社会也才能因此而呈现出一片繁荣的景象。

其次,在符合人伦秩序的基础上,进一步明确自己所处的身份和地位,让自己的言行举止符合时宜。《论语·子路》中有这样一段话:

子路曰:"卫君待子而为政,子将奚先?"子曰:"必也正名乎!"

子路曰:"有是哉,子之迂也!奚其正?"子曰:"野哉,由也!君子于其所不知,盖阙如也。名不正,则言不顺;言不顺,则事不成;事不成,则礼乐不兴;

---

❶ 《论语·颜渊》。

礼乐不兴,则刑罚不中;刑罚不中,则民无所措手足。故君子名之必可言也,言之必可行也。君子于其言,无所苟而已矣。"❶

上述的这段话说明,作为社会中的一员,如果不知道自己的地位和身份,名分不正当的话,说话就会不合理;说话不合理,事情就办不成。事情办不成,礼乐制度就不能深入人心;礼乐制度不能深入人心,刑罚就不会公正;刑罚不公正,则百姓手足无措,不知如何是好。所以人在社会上行走,尤其是作为领导者,一言一行都要注意分寸,做事必须说得通、说话必须行得通,一切都要符合时宜,绝不随便、马虎。

最后,就是在符合人伦秩序和行为举止适宜的基础上,以道德力量来感染民众,让群众知荣明耻,从而做符合时宜的事情。这一点在《论语·为政》篇中有相应的记载,子曰:"道之以政,齐之以刑,民免而无耻;道之以德,齐之以礼,有耻且格。"❷孔子说:"以政令来管理,以刑法来约束,百姓虽不敢犯罪,但不以犯罪为耻;以道德来引导,以礼法来约束,百姓不仅遵纪守法,而且引以为荣。"就是说,作为有别于普通民众

---

❶ 《论语·子路》。
❷ 《论语·为政》。

的执政者,要想治理好所管辖的地区或国家,就必须用正确的方式来引导民众,让百姓的行为也能够达到"义者,宜也"中所提倡的做事要符合道义,社会应以良好的道德教化民众,有人伦秩序的标准和原则。

第二节　儒家"仁、义"思想的管理价值

儒家"仁、义"思想不仅是孔子大力提倡的衡量君子"德性"的标准，更是被社会公认的普世价值原则。我们每个人都身处社会的大环境中，每天做得最多的事情就是与人打交道。《论语》告诉我们：在与人沟通的过程中，一定要本着"仁、义"二字。首先，自己要有仁者爱人的品质；其次，对于他人，要以诚相待，适宜相交。也正是儒家"仁、义"思想所体现和反映的"内化于心、外化于形"的方法，使其成为优秀管理者的必修课。

《周易·系辞下》说："天地之大德曰生，圣人之大宝曰位。何以守位曰仁，何以聚人曰财"。❶就是说，天地间最好的"德性"就是"生生之德"，圣人能够达到的最高境界，取得的最高社会认可就是所处的位置。首先，怎样才能守住既能够让自己实现人生价值，又能够引领他人前行这样一种状态呢？那就是"仁"；其次，在具备"仁者"品质之后，怎样做才能始终保持企业系统地长久良性运转，不因各种突发状况而改变既定目标呢？那就是财（也就是利）。这就要求管理者在具备仁

---
❶　《周易·系辞下》。

爱之心的基础上，更多地换位思考，将心比心，把"钱财"看得淡一些，把"人才"看得重一些，在提倡爱人的前提下，注重互利共赢。通过自身不断地学习将其引申、发展成为蕴含着"丰富管理智慧"，体现着"深邃管理价值"的儒家最重要的管理思想之一。

一、仁爱孝悌，君子初心

前面曾提到过孔子的"仁爱"思想主要包含了两方面的内容。第一方面就是要以"孝悌为本"，作为一个管理者，无论官做得多大，无论资金有多雄厚，都始终不能忘本，"仁"是管理者的内在涵养。正所谓："先祖者，类之本也"，这个"本"所指的就是给予我们生命的父母。第二方面就是要"泛爱众"，不仅要爱自己的亲人、父母，还要爱自己身边的人（比如朋友、邻里、学生、民众），作为管理者来说，员工、下属就是自己身边除亲人之外最亲的人，千万不要把员工当作外人，只知索取不知回报，要将员工视为自己亲人一样，用对待亲人的方式对待下属；以仁爱之心，办仁义之事，企业才能获得长足的发展。儒家"仁爱"思想作用于管理中的价值，主要有以下两个方面。

（一）孝悌为本，管理之端

亲情是人类一切美德的基石和发端处。中国自古以来就是一个讲求"孝道"的国家，"百善孝为先"是我们延续千年的古训。《礼记·中庸》讲："仁者人也，亲亲为大。"❶告诉我们，看一个人是不是有仁爱之心，最首要的就是要看他是不是爱自己的父母和身边的亲人。

在《论语》中，孔子"仁爱"思想的首要标准和先决条件就是"孝悌者，仁之本与"。就是告诉我们，仁爱之心的养成，要从关爱自己的父母开始，然后才能由此发出善端关爱他人。《论语·学而》中记载了有子关于"仁之本"的一段话："有子曰：'其为人也孝弟，而好犯上者，鲜矣；不好犯上，而好作乱者，未之有也。君子务本，本立而道生。孝弟也者，其为仁之本与！'"❷这句话是说：孝敬父母、尊敬师长，却好犯上的人，少极了；不好犯上，却好作乱的人，绝对没有。做人首先要从根本上做起，有了根本，就能建立正确的人生观。孝敬父母、尊敬师长，就是仁的根本吧！在这个根本价值观的引导下孔子将孝道分为了三个层次。

第一个层次是养亲。"事父母，能竭其力"❸就是要求儿女能够尽心孝顺父母，不嫌弃父母。《孝经·纪孝行》中记录了孔子讲述的如何孝亲才能称为孝子的一

---

❶ 《礼记·中庸》。
❷ 《论语·学而》。
❸ 《论语·学而》。

段话:"子曰:'孝子之事亲也,居则致其敬,养则致其乐,病则致其忧,丧则致其哀,祭则致其严。五者备矣,然后能事亲。事亲者,居上不骄,为下不乱,在丑不争。居上而骄则亡,为下而乱则刑,在丑而争则兵。三者不除,虽日用三牲之养,犹为不孝也。'"❶是说:孝子对父母亲的侍奉,在日常家居的时候,要竭尽对父母的恭敬;在饮食生活的奉养时,要保持和悦愉快的心情去服侍;父母生了病,要带着忧虑的心情去照料;父母去世了,要竭尽悲哀之情料理后事;对先人的祭祀,要严肃对待,礼法不乱。这五方面做得完备周到了,方可称为对父母尽到了子女的责任。侍奉父母双亲,要身居高位而不骄傲蛮横,身居下层而不为非作乱,在民众中间和顺相处、不与人争斗。身居高位而骄傲自大者势必要招致灭亡,在下层而为非作乱者免不了遭受刑罚,在民众中争斗则会引起相互残杀。这骄、乱、争三项恶事不戒除,即便对父母天天用牛羊猪三牲的肉食尽心奉养,也还是不孝之人。孔子的这段话是在告诉我们,对父母最大的孝敬不是给予他们物质上的满足,而是在他们需要你时你能够在他们身边,当不在他们身边之时,要正言、正行,以让他们安心。

关于孝子孝亲有这样一则小故事:公元前202年,

---

❶ 《孝经·纪孝行》。

刘邦建立西汉政权。三子之一的刘恒是有名的大孝子，孝顺之事，从不怠慢。一次，母亲抱恙三年，卧床不起，刘恒亲自为母煎汤药，且日夜守候母亲于床前。母入眠，方休憩。每日为母煎药后亲尝汤药苦、烫之度，自觉温良，方从侍母。其孝之事，广传朝野。朝中上下皆赞其谓仁孝之子。故《诗》有："仁孝闻天下，巍巍冠百王；母后三载病，汤药必先尝。"之记载。

第二个层次是敬亲。子曰："今之孝者，是谓能养。至于犬马，皆能有养；不敬，何以别乎？"❶意思是说："现在的孝顺，只是能赡养老人。即使是犬马，都会得到饲养。不敬重，有何区别？"因此孝敬父母的第二个层次是"爱敬尽于事亲"，❷就是要求身为子女要敬重自己的父母。

春秋时，孝子闵子骞，因母早逝，父娶继母，又添弟二人，故常受虐待。一年冬日，后母用蓬松芦花为其添衣，于己之亲生添加棉衣。次日，父亲叫其驾车随同外出。冬日大雪纷飞，衣不保暖，瑟瑟发抖。父亲看后很是生气，思其是否有意诋毁后母。顿挥鞭抽打，熟料芦花破衣而出。父亲恍悟：原是后母虐待。返回家中，即休后母。闵子骞未生嫉恨，反是同情，跪地求父，曰：

---

❶ 《论语·为政》。

❷ 《孝经》。

"母在一子寒,母去三子单"。如此情境其为家和着想,至诚孝心未有递减,而令其父息怒,后母惭愧。常言道:"亲憎我,孝方贤"闵子骞用至诚之心转化了家庭恶缘,使家庭从此幸福和乐。人若于念念相续之间思量"德未修,感未至",真如之心即可常观照于如是之行。因此,孔子称赞闵子骞说:"孝哉闵子骞!人不间于其父母昆弟之言。"❶

第三个层次是安亲。子曰:"父母在,不远游。游必有方。"❷孔子说:"父母在世时,不要走远,必须远走时,一定要留下准确的地址。"就是说作为儿女无论是外出工作还是学习都要让父母知道自己的去向,常跟他们保持联系,让父母安心,而不是担心。

《周易·系辞》云:"天地之大德曰生;生生之谓易"。❸天地之间最为重要的德行,就是生生之德,父母是天底下最无私的、最伟大的人。他们不仅赋予了我们生命,还尽可能地为我们创造一切有利于我们成长的物质生活条件,尽己所能地满足我们精神生活的需求,而随着我们一天天长大,日渐成熟的背后是他们辛勤的付出和渐渐老去的背影。中央电视台新闻频道和综艺频

---

❶ 《论语·先进》。
❷ 《论语·学而》。
❸ 《周易·系辞》。

道曾经播出过一系列有关孝道的公益广告,给我印象比较深刻的有以下三则:

第一则是妈妈牵着儿子的手,陪他走过了小学、初中、高中、大学,孩子日渐成熟的同时,伴随着的是母亲渐渐老去的身影和变得缓慢的步履,从玩耍嬉戏到接送孩子上学放学,到盼望孩子回家,三个重要的成长阶段都有母亲陪伴的身影,可是当我们渐渐长大、羽翼日益丰盈时,我们的父母却在一天天老去,步履日渐蹒跚、变得日渐唠叨、不会上网、不会用高科技产品……但是即使是这样,我们也永远不能嫌弃我们的父母,因为是他们给予了我们生命。

第二则广告说的是一位父亲得了老年痴呆,都记不得儿子是谁了,有一次儿子带他跟周围邻居一起吃饭,他拿起水饺往口袋里装的这个小小的举动,不仅引来了周围邻居异样的目光,同时也让儿子觉得很没面子,但是,当这位老父亲说出了:"我儿子喜欢吃"时,他儿子的眼眶湿润了,父亲都记不得他儿子是谁了,但是还记得他儿子最喜欢吃的是水饺。这则公益广告其实是在反问我们这些为人子女的人,你是否记得父母爱吃什么呢?

第三则广告讲述的则是空巢老人的故事,女儿打电话给老父亲,父亲总说我们挺好的,你忙就挂电话吧,当女儿问到她母亲时,父亲说了一个善意的谎言,他说:

"你妈她挺好的,跳广场舞去了",而实际情况是其母亲住院了,父亲为了让孩子安心工作不分心,没有告诉她真实的情况。

其实这三则故事恰巧对应了孔子关于事亲的三个层次:"养亲、敬亲和安亲"。父母养育了我们,当他们老了的时候,我们应该反过来照顾他们;父母为我们付出了毕生的心血,我们在赡养他们的同时还应该多多尊重他们,了解他们的兴趣爱好;当我们在外工作,不能长时间待在家时,一定要经常与父母通电话,一是让他们安心,二是让自己安心,多关注他们的身体状况。"树欲静而风不止,子欲养而亲不待"。作为子女,永远都不要嫌弃我们的父母行动迟缓,因为我们永远都想象不出小时候他们是如何耐心地教我们走路的;永远都不要嫌弃我们的父母学不会电脑,因为我们可能永远都不会知道在小时候他们是如何不厌其烦地教我们写字的。所以趁我们父母还年轻,给他们多一点的陪伴,带给他们多一些欢乐,不要等到失去时后悔莫及。上升到管理角度来说,孝悌为本的思想对管理者也起着至关重要的作用。《孝经》孝治篇中讲:"子曰:'昔者明王之以孝治天下也,不敢遗小国之臣,而况于公、侯、伯、子、男乎?故得万国之欢心,以事其先王。'"❶ 就是说:"从

---

❶ 《孝经》。

前圣明的君王是以孝道治理天下的，即便是对极卑微的小国的臣属也不遗弃，更何况是公、侯、伯、子、男五等诸侯了。所以会得到各诸侯国臣民的欢心，使他们奉祀先王。"

中国古代曾经将"孝"作为选拔人才的标准。两汉时代，除西汉开国皇帝刘邦和东汉开国皇帝刘秀外，汉代皇帝都以"孝"为谥号，称孝惠帝、孝文帝、孝武帝、孝昭帝等，表明了朝廷的政治追求和对"孝"的尊崇。在选拔官员时也把"孝"作为一个衡量其品德状况的基本标准，兴"举孝廉"，察举善事父母、做事廉正的人做官。元光元年，汉武帝采纳董仲舒的建议，"初令郡国举孝廉各一人"。元朔元年，武帝又下诏，凡两千石以上官吏必须察举孝廉，否则按不敬和不胜任论处。"兴廉举孝，庶几成风，绍休圣绪"。"有司奏议曰：'……不举孝，不奉诏，当以不敬论。不察廉，不胜任也，当免。'"❶

汉武帝以后，从中央到地方各级政府官吏多为孝廉出身，被视为仕宦之正途。举孝廉者往往被任为"郎"，在东汉尤为求取官职的必由之路。山东嘉祥武氏祠的墓主人武开明、武班、武荣都是经察举孝廉后入仕做官的。桓帝诏书说："孝廉、廉吏皆当典城牧民，禁奸举善，

---

❶ 《汉书·武帝纪》。

兴化之本，恒必由之。"❶宋代徐天麟说，汉代"得人之盛，则莫如孝廉，斯为后世所不能及"。❷可见孝廉任官对稳固汉朝的统治秩序具有长效作用。

在古代，无论是最高统治者的管理还是对于人才的选拔制度中，都十分强调"孝"的意义，选用官员首先要看这个候选人是不是爱自己的父母，如果做不到"孝亲"，是绝对不会被任用的。对于现代企业而言，身为企业管理者，如果连自己的父母都不爱，又怎么可能爱别人呢？

中国有句老话："敬业始于孝亲"。管理者在企业中扮演的其实是双重角色，在为企业做出过贡献的元老级人员面前，是孩子的角色，因此，对企业元老级人员的关爱要像对待自己父母一样；而在企业内部自己下属的面前，扮演的又是父母的角色，因此，对待企业下级员工要像对待自己的孩子一样，总之作为领导者和管理者，其自身应该先"尽守孝道"，只有自身的人格完善，才能够实现"以孝治企业"的目标，企业才会发展得越来越好。

(二) 泛爱亲众，包容厚德

"泛爱众而亲仁"是孔子"仁爱"思想的第二个标

---

❶ 《后汉书·桓帝纪》。
❷ 《东汉会要·选举上》。

准。子曰:"弟子入则孝,出则弟,谨而信,泛爱众,而亲仁。"❶孔子说:"年轻人应该孝顺父母,尊敬师长,认真诚信,广施爱心,才能亲近仁人志士。"这就告诉我们,作为社会群体中的一员,我们每个人并不是孤立存在于这个世界上的,要与别人建立这样或那样的联系,在这种相互交织的关系网中,我们除了要事亲之外,还要学会以仁者之心关爱他人。这里的他人指的是除家庭成员之外的所有人,包括自然界的生灵。《论语》明确提出了君子爱人的标准:"君子学道则爱人"。❷就是说,君子学了"道"就会爱护别人。这个"道"就是"仁者爱人",体现在社会伦理关系中就是"泛爱众"。

孔子的"泛爱众"思想中包含了"有朋自远方来,不亦乐乎!"的朋友之情;包含了"里仁为美"的邻里之情;包含了"有教无类、因材施教"的师生之情;包含了"尔爱其羊,我爱其礼"的自然万物之情,但在所有的这些"情谊"之中,最重要也是孔子最提倡的就是对于普通百姓的关爱之情。

《论语·学而》中记载了孔子这样一段话:子曰:"道千乘之国:敬事而信,节用而爱人,使民以时。"❸

---

❶ 《论语·学而》。
❷ 《论语·阳货》。
❸ 《论语·学而》。

意思是说"治理国家应该事事认真,时时诚信,处处节约,关心民众,及时抓住发展机遇。"就是告诉管理者关爱民众的重要性。

《论语·乡党》中记载了这样一则事件:"厩焚。子退朝,曰:'伤人乎?'不问马。"❶说的是孔子去朝廷办公,家里的马棚失火了,但孔子从朝廷回来后他问的第一句话是"伤着人了吗?"却没有问到马。跟马棚有关的是马夫、佣工这些身份、地位卑微的阶层,但是孔子没有因其地位卑微而不去关爱他们,也正是因为孔子关爱各个阶层的人,没有因其地位、身份而有所差别,另眼相待,才成就了他,为世人所景仰的大圣人。

此外,秦穆公尝出而亡其骏马的故事也体现了仁者爱民的思想。秦国国君秦穆公乘车出行,车坏了,右边驾车的马挣脱,被一伙山野农人捕获。秦穆公亲自上门讨要,在岐山的南面看到山民正准备分食马肉。穆公叹惜说:"吃骏马的肉而不立刻喝酒,恐怕会伤害你们的身体。"于是,穆公拿出酒来挨个给他们喝。三年后,秦国和晋国在韩原这个地方展开激战。秦穆公乘战车深入敌阵,被晋军团团围住,危急关头,一伙人突然闯了进来与敌人殊死拼杀,有三百多人,就是那帮在岐山脚下分吃马肉的山民。结果晋军大败,连晋惠公也做了俘

---

❶ 《论语·乡党》。

房，被带回秦国。

《礼记·中庸》说："仁者，人也。"❶意思是说，仁的精神承认人是人，也就是要求人们把别人当作人来关爱，秦穆公就是这样做的。他治下的粗野山民把他驾车的骏马杀掉吃肉，这在那个时代，不管是有意还是无意，握有生杀大权的国君都可以给予重罚，但他没有这么做，因为人比马更高贵。孟子曾说过这样一句话：君主看待臣子如同手足，臣子就会把君主看成自己的腹心；君主看待臣子如同犬马，臣子就会把君主看成寻常人；君主看待臣子如同尘土、小草，臣子就会把君主看成强盗、仇敌。人的地位尽管不同，但回报却是对等的，在秦穆公危难关头，是他曾经帮助过的这些民众救了他的性命。也正因为秦穆公把他的国民当作人来对待，秦国才能在他治理下迅速强大起来，他也才能跻身于春秋五霸的行列。

日本麦当劳每年都支付上千万日元，给东京获洼卫生医院和警察医院，作为保留职工病床的基金。当职工或者职工家属生病的时候能够立刻进入指定医院就医，避免在很多次转院途中因为来不及施救而丧命。近4年来，麦当劳没有因病住院的职工。这充分体现了麦当劳餐厅的领导对他的员工实实在在的关心与体贴。

---

❶ 《礼记·中庸》。

总之，无论是作为圣人、国家元首还是企业的管理者，在对待下属的态度上一定要实行儒家的"仁爱"思想，要将心比心，换位思考，要知道领导的一份关心换来的可能就是员工在业绩上的回报。企业管理的过程不可能是一帆风顺的，在管理的过程中难免会出现失误，在面对员工工作中出现的失误和因此造成的影响时，管理者要用柔性的管理方法去感化员工，而不是硬性的管理规定去惩罚员工，要用宽广的胸怀去包容员工，而不是与员工斤斤计较。只有在企业文化中植入仁爱的思想，用一颗宽容包容的心去对待员工，才可能使企业不断壮大。

二、以仁为德，以义为方

前文通过说明"义"，"仁"和"礼"的关系以及"义"的具体含义让我们在理论层面了解了"义"。如果说"仁"是管理者的内在修为，那对于管理者而言的"义"字当头，便是管理者在与人相处的过程中必须要具备的外在行为处世的方式，"义"是管理者的处事方式。主要体现在以下两个方面：

（一）义以达道，率生垂范

孔子在《论语·季氏》中提出了"行义以达其道"的管理者处世的最高境界标准。孔子说："隐居以求其志，行义以达其道。"❶意思是说，隐居起来就能够知道自己的志向，维护正义就能够实现自己的理想。因此，对于处在社会大环境中的人来说，在与人相处的过程中始终本着"质直而好义""义以为上（先）"的原则行事，就能够达到"道"的境界。

首先，管理者要想达到"行义达其道"的标准，除了自身要有正直的品质之外，对外还要以身作则、崇尚道义，只有这样才能使其事业蒸蒸日上。《论语·颜渊》中记载着这样一段话：子曰："夫达也者，质直而好义，察言而观色，虑以下人。在邦必达，在家必达。"❷意思就是说，所谓的显达，就是指的品质正直、崇尚道义，善于察言观色，甘心处于人下。如若这样就会国外显达、国内显达。

日本经济团体联合会会长土光敏夫曾说："作为企业主管，需要比普通员工付出更多的努力和心血，以激励手底下员工的工作热情。"1956年，土光敏夫出任东芝电器社长之初，其手下人才济济，却因组织系统庞大，分设层次过多，管理层不善管理，使得员工做事过分懒散，最终造成了公司业绩亏损。便提出了"普通员工要比以前多用3倍脑力，董事则要用10倍。我本人

---

❶ 《论语·季氏》。
❷ 《论语·颜渊》。

第三章 仁义思想与艺术管理

则有过之而无不及"的口号重建公司管理机构。他始终认为：作为领导以身作则最具说服力。他坚持每天提前半小时上班，还要空出一小时的时间和员工一起讨论公司的问题。一次，他手下一位董事请他去参观一艘名为"出光丸"的油轮。为了杜绝浪费公司的资源，使公司的一切都合理化，他以身示范，不乘公车，搭电车外出。双方约好在"樱木町"车站门口会合，土光敏夫准时到达门口，那位董事乘坐公车随后赶到。见面后董事说："社长先生，很抱歉让您久等了。我看，我们就搭乘您的车前往参观吧！"土光敏夫听了他的话之后，说道："我是坐公交车来的，我们还是搭电车去吧！"那位董事当场愣住了。这件事情立马在公司当中传开了，于是公司上上下下立刻心生警惕，对公司的财物不敢再随便浪费。正是土光敏夫以身作则，使公司的情况逐渐地起死回生，业绩也开始提升。土光敏夫还曾说过："要想督促政府达成政治上的革新，再也没有比全体国民一齐监督政府更有效的方法了。"

其次，管理者要想达到"行义达其道"的标准，除了自身以身作则、崇尚道义之外，还要将"道义"置于最高的位置上，以道义引导行为。关于这一点的论述，《论语·阳货》中有相应的记载：子路曰："君子尚勇乎？"子曰："君子义以为上。君子有勇而无义为乱，小人有勇而无义为盗。"[1]子路问孔子说:"君子提倡勇敢吗?"孔子回答:"君子以道义为上,君子如果勇敢而不讲道义就会颠覆国家,小人如果勇敢而不讲道义就会成为强盗。"就是告诉我们,作为企业领导者,你的勇敢必须建立在"以义为先"的道义基础之上,如果抛开道义空谈勇敢,那么大到一个国家,小到一个企业都会被这样的勇猛所颠覆。古希腊著名哲学家色诺芬就是一位以"身先士卒、以义为先"为最高原则,最终带领部队取得胜利的成功领导者之典范。

　　色诺芬作为希腊将军带兵打仗。在一次作战当中不幸波斯人击败,只好退兵。此时他前面有体型彪悍的土著人,后面有来势汹汹的波斯人,若想摆脱眼前困境,只有快速占领面前制高点,凭险据守。当时色诺芬坐在马上,大声鼓励其部队,喊道:"士兵们,你们现在是为全希腊而战,是为了你们的妻儿姐妹而战,加倍地努力一些,到了前面,我们就可以摆脱眼前的窘境了!"一个士兵站出来反驳道:"色诺芬将军,我们不在同一个水平上,你骑在马背上,而我们却拿着盾牌行军,早就疲惫不堪了!"此时的色诺芬完全能以将军的身份狠狠地处理这个顶撞自己的士兵,但是他并没这么做,而是立即从马上跳下来,和士兵一样举着盾牌徒步前进。

[1] 《论语·阳货》。

看到将军身先士卒,整个部队士气高昂,终于先于敌人一步控制住了制高点,取得了最后的胜利!

总之,孔子所提倡的"行义以达其道"的处世哲学,既是作为一名领导者应该遵循的原则,也是一位成功领导者应该有的品质。作为领导者,要时刻以"义字当头",以身作则关爱下属员工,才会有更多的员工追随你。

(二)见利思义,重诚守信

中国有句老话:君子爱财取之有道,这个"道"指的就是"义",所以说作为领导者要时时刻刻想着为民谋利,要树立"取义以得其众"的态度,这不仅是领导者在利益面前一种泰然自若的行为方式,也是企业得以良性发展的妙方,更是管理者留住企业核心人才的关键。

1. 管理者要以诚信为本、大局为重

孔子在《论语·述而》中说:"富与贵是人之所欲也,不以其道得之,不处也;贫与贱是人之所恶也,不以其道得之,不去也。"❶ 就是说:"人人都向往富贵,但是不以正当的方法得到它,就不要去享受;人人都厌恶贫贱,但是不以正当方法去摆脱,就不要去逃避。"同时,在《论语·子路》中,子夏做莒父的邑宰问政于孔子,孔子说:"无欲速,无见小利。欲速,则不达;

---

❶ 《论语·述而》。

见小利，则大事不成。"[1]告诉我们，凡事不要急于求成，只求速度，往往达不到目的；更不要贪图眼前小利，贪图小利，就做不成大事。孔子的这两句话，分别告诉我们求富贵要走正道，做事一味急于求成反而会适得其反，欲速则不达。因此，对于管理者来说，凡事要三思而后行，要着眼未来，要静下心来以正当的方法途径去寻求企业的获利。

20世纪80年代，英国的巴林银行计划在新加坡设立分行。时任新加坡总理的李光耀派人考察后发现该银行信用不佳，于是毅然拒绝。英国首相为此多次向李光耀交涉，亦无结果，以致两国关系也一度受到影响。几年后，巴林银行破产，英、美、法、日等发达国家因此蒙受了巨大损失。直到这时人们才发现，新加坡的信用环境是最好的。国际资本开始向新加坡聚集，新加坡逐渐成为亚洲金融中心。新加坡经济腾飞也从此开始。

新加坡之所以可以成为亚洲金融的中心，完成经济的腾飞，完全取决于李光耀当时"诚信为本"的管理方式，如果李光耀当时没有一种坚定的"诚信"观念，对实地考察的结果置之不理，只为眼前的利益，不考虑长久后果的话，新加坡与其他欧洲国家一样，会被卷入那次银行破产事件当中，而且会造成巨额的损失，也就不

---

[1] 《论语·子路》。

会有成为亚洲金融中心的可能。正是当时李光耀的决心和"诚信为本"的处世态度，不仅让新加坡免受了此次危机，同时也因为"诚信"二字让新加坡一跃成为亚洲金融中心。

　　如果一个企业或者一个商家不以"诚信"作为立身之本去经营和管理它旗下的产品，而是只图当时获利之快，不求获利长久的话，那么它的损失将会非常惨重，不仅失去购买其产品的消费者人群，同时在应对市场竞争的其他对手时也失去了其核心竞争力。某网上订餐APP就是这样一个因为求快而体制不完善，在诚信经营上栽了跟头。

　　就在2017年"3·15"消费者日当天，央视新闻报道了某APP网站上的一家餐馆，从餐馆在该APP网站上提供的照片来看，该餐馆干净、卫生、正规且光鲜亮丽，但实际情况却是油污横流，不堪入目……老板娘牙咬开火腿肠直接放到炒饭中，厨师尝完饭菜再扔进锅里……该平台引导商家虚构地址、上传虚假实体照片，甚至默认无照经营的黑作坊入驻的行为严重违反了"诚信经营"之道，也因其消费者群体骤减而使其口碑和利润受到了严重的影响。

　　上述一正一反的案例告诉我们，无论是小型企业的管理者也好，还是大中型企业的管理者也罢，建立

"见利思义"的"诚信"之道对于企业今后的发展很重要,千万不要因为寻求一时的利润而失去了长久的经营之道。

(2)管理者要以财聚人,施利共赢

孔子在《论语·学而》中说过这样一句话,他说:"君子喻之于义,小人喻之于利。"❶ 而在《论语·里仁》中,孔子再一次提出:"仿于利而行,多怨。"一切按利益行事的人,人人厌恶。❷ 这两句话虽有差别,但是所包含的意思却是相同的。在企业经营发展过程中,肯定会有发展得很好、获利很多的时候,当企业获得丰厚收益的时候,领导者就会面临着是财聚人散、还是财散人聚的选择,聪明的领导者都会选择后者"财散人聚"。但古今中外也不乏一些选择"财聚人散"的管理者,项羽就是这样一位不懂得"财散人聚,施利共赢"而最终下场很悲惨的管理者。

《史记》记载了这样一段故事:楚汉相争时,项羽手下的重要谋士陈平投降刘邦,并这样评价项羽说:项羽表面上关爱他的士兵,看到手底下士兵生病,就会流眼泪,但对肯拼命的将士却十分吝啬,不给予其相应的奖励,手里拿着任命将士的"印鉴",却连印鉴的角都

---

❶ 《论语·学而》。
❷ 《论语·里仁》。

磨光了，也迟迟不肯发放。打了胜仗却得不到应有的赏赐，于是消极的情绪就在项羽军中蔓延开来。看到他为士兵们流泪，都不觉得他是对士兵的爱护，而是一种虚伪。慢慢地，他的寡恩薄义就被下属所嫉恨，他的部下也变得离心离德。最终，一代人杰项羽乌江自刎。

与项羽所不同，刘邦就懂得"利物和义"的道理。《史记》中也记载了一则"刘邦施利取胜"的故事：楚汉战争期间，汉王刘邦派谋士郦食其游说齐王田广归属汉国，郦食其很好地完成了使命，说服了齐王田广，齐王田广答应归属汉国。正领兵准备攻打齐国的汉军大将韩信嫉妒郦食其的成就，在谋士蒯通的怂恿下，挥军攻打齐国。由于齐国放松了对汉军的戒备，韩信很快就平定了整个齐国。

平定齐国后，韩信派使者赶往正被楚军围困的荥阳去见汉王刘邦，带给刘邦一封信，信中说："齐国人狡诈多变，反复无常，齐国南面的边境与楚国交界，不设立一个暂时代理的王来镇抚局势，一定不能稳定齐国。为了有利于当前局势，希望允许我暂时代理齐王。"刘邦看了韩信的书信，不禁勃然大怒，厉声骂韩信道："我在这儿被围困，日夜盼着你来帮助我，你却想自立为王！"此时，侍立在刘邦身旁的张良和陈平同时暗中用脚踩刘邦的脚，两人凑近刘邦的耳朵说：

"目前汉军处境不利,怎么能禁止韩信称王呢?不如趁机册立他为王,很好的待他,让他自己镇守齐国。不然可能发生变乱。"刘邦立即醒悟过来,急中生智,故意当着韩信使者的面骂道:"大丈夫平定了诸侯,就做真王罢了,何必做个暂时代理的王呢?"于是,刘邦派遣张良前往韩信军中,册立韩信为齐王,征调他的军队攻打楚军。

韩信被册立为齐王后,一心一意归属汉国。项羽派人劝韩信背叛汉国归属楚国,被韩信拒绝。谋士蒯通劝韩信自立门户与项羽、刘邦争雄,也被韩信拒绝。

后来,刘邦征召韩信的军队合围项羽率领的楚军,韩信率军在垓下与刘邦会师,将楚军击败,逼迫项羽自杀。至此,楚汉战争以汉国胜利而告终。

中国有句老话:"重赏之下必有勇夫"。作为企业的员工,谁也不愿意与一位不懂得利益分享的领导共事。项羽的失败就在于他的妇人之仁,只是在士兵生病时施予小恩小惠、对其嘘寒问暖,并不愿意对有功劳的士兵给予相应的封赏;总是将自己闯出来的事业当作他一人、一家的天下,生怕别人抢了自己的位置,好像他手底下的人都是吃闲饭的,只让人为他卖命,却没有尺寸的封赏,最后只会因部下离心离德落得一个孤家寡人的下场。而刘邦不同,虽然在听到韩信向其索要封侯时十分愤怒,但是懂得顾全大局的道理，因此能够取得最后的胜利。

古往今来，既要马儿跑，又不给马儿吃饱的事情很少；那么在当今社会中，用人却不给予物质利益刺激也肯定是十分少见的。在这个世界上，任何一个人的进取心和事业心都直接和利益相关联。有的人是为了建功立业，有的人就是为了财富。只有心胸开阔的人，才能够与他人共享天下，才能与贤能之士同甘共苦、共患难。因此，要想收获忠诚，就必须将员工的利益放在心上。

总之，以上的两个例子充分说明，管理者不应该吝啬自己的奖赏，要时时刻刻关注到下属员工所获得的成果，并用物质奖励这种最直接的方式去给予相应的奖励，激发他们做事的积极性，积极性有了，完成工作的效率自然就高了，工作效率高了，产品就不会因为供给不足而不能满足大众的需求。

第三节　儒家"仁"思想对艺术管理的启示

一、儒家"仁"中蕴含的美学思想和艺术管理智慧

（一）君子之美，黄中通理

《论语·雍也》中记载了孔子描述"仁者"和"智者"的一段话：子曰："智者乐水，仁者乐山；智者动，仁者静；智者乐，仁者寿。"❶孔子将"仁者"比喻成山，山有"会当凌绝顶，一览众山小"的巍峨静谧之美；有"横看成岭侧成峰，远近高低各不同"的重峦叠嶂之美；有"只在此山中，云深不知处"的空旷幽谷之美。孔子借"山"的特性来比喻仁者；借"山之美"来说明时行则行，时止则止，动静不失其时，其道光明的"仁之美"的品性，并用"静"与"寿"二字给予了"仁者"高度的评价。

1."择善而从"的德之美

在孔子"仁爱"的思想体系中，"乐"占了很大一部分的比重，孔子是为了"制礼作乐"恢复人的心灵秩序才提出了"仁爱"的思想。因此，《论语》中提及的

---
❶　《论语·雍也》。

第三章 仁义思想与艺术管理

"仁之美"一定是与"乐"联系在一起的。

首先,孔子在《论语》中有三处明确表明了"仁"与"乐"的关系问题。

子曰:"人而不仁,如礼何?人而不仁,如乐何?"❶

子曰:"不仁者不可以久处约,不可以长处乐。仁者安仁,知者利仁。"❷

子曰:"志于道,据于德,依于仁,游于艺。"❸

首先,孔子说:"对于不仁的人,礼法和音乐都是无法发挥其作用的";接着,孔子又说:"品质恶劣的人,忍受不了贫穷,享受不了'乐'所带来的快乐";最后,孔子说:君子要"树立崇高理想、培养高尚品德、心怀仁慈友爱、陶冶高雅情操。"充分说明了"游于艺"的前提是"依于仁"。总之,以上的三句话充分显示出"仁"与"乐"密不可分。

其次,孔子高度评价《韶乐》的尽善尽美。

子谓韶尽美矣,又尽善也。谓武尽美矣,未尽善也。❹

子在齐闻韶,三月不知肉味。曰:"不图为乐之至于斯也!"❺颜渊问为邦。子曰:"行夏之时,乘殷之辂,

❶ 《论语·八佾》。
❷ 《论语·里仁》。
❸ 《论语·述而》。
❹ 《论语·八佾》。
❺ 《论语·述而》。

服周之冕,乐则韶舞。放郑声,远佞人。郑声淫,佞人殆。"❶

首先,孔子在《论语·八佾》中,夸赞《韶乐》"尽善尽美",评论《武乐》"尽美不尽善。"其次,《论语·述而》中记载:"孔子在齐国听到《韶乐》后,三月不知肉味。他说:没想到好音乐这样迷人。"最后,颜渊问怎样治理国家,孔子说:"用夏朝的历法,乘商朝的车辆,戴周朝的礼帽,提倡高雅乐舞,禁止靡靡之乐,疏远夸夸其谈的人。靡靡之乐淫秽,夸夸其谈的人危险。"这里所说的高雅乐舞指的就是韶舞。

从以上两方面的论述中可以看出,孔子引导人们在选择音乐时,要有"择其善者而从之,其不善者而改之。"❷的判断能力。孔子对于《韶乐》尽善尽美的喜爱和推崇渗透到了孔子对于君子"仁之美"品格的希冀,他希望君子也能尽善(仁)尽美。

2. "兼济天下"的质之美

"仁"之美的第二层含义,体现的是君子"穷则独善其身,达则兼济天下"❸的"质之美"。《论语·泰伯》中,曾子曰:"士不可以不弘毅,任重而道远。仁以为

---

❶ 《论语·卫灵公》。
❷ 《论语·述而》。
❸ 《孟子·尽心章句上》。

己任,不亦重乎?死而后已,不亦远乎?"❶意思是说,有志者不可以不培养坚强的意志,因为责任重大而且道路久远。以实现天下和平友爱为自己的责任,这样的责任不是很重大吗?为理想奋斗终生,这样的道路不是很久远吗?这句话中的"大"和"远",从时空概念上说可以是"广"和"深","广"就是"大","深"就是"远",这也恰恰体现了君子"苟利国家生死以,岂因祸福避趋之""先天下之忧而忧,后天下之乐而乐"的远大抱负,是人的气节之美、胸怀之美、品质之美。《列子·汤问》中记载了君子的这种气节之美。

伯牙善鼓琴,钟子期善听。伯牙鼓琴,志在登高山,钟子期曰:"善哉!峨峨兮若泰山!"志在流水,钟子期曰:"善哉!洋洋兮若江河!"伯牙所念,钟子期必得之。伯牙游于泰山之阴,卒逢暴雨,止于岩下;心悲,乃援琴而鼓之。初为霖雨之操,更造崩山之音,曲每奏,钟子期辄穷其趣。伯牙乃舍琴而叹曰:"善哉,善哉!子之听夫志想象犹吾心也。吾于何逃声哉?"❷

钟子期听伯牙抚琴,他听得出伯牙的志趣,就说"巍巍乎若泰山",又说"洋洋乎若流水"。高山与流水,凝止团聚,则冲霄而为山;顺势发散,则奔腾而为水。

---

❶ 《论语·泰伯》。
❷ 《列子·汤问》。

如果琴家没有这样的飘逸洒脱,想弹好这样的曲子是不可能的。这正是欧阳修所指出的:"弹虽在指声在意,听不以耳而以心;心意既得形骸忘,不觉天地愁云改"的境界所在。因此,钟子期与俞伯牙的故事体现了古人通过登高望远,表达"达则兼济天下"的质之美的期冀。

3. "宁静致远"的境之美

前面提到了孔子将"仁者"比喻为山,山有止之意;而"仁"又是向内求;《六祖坛经》中说:"外不着相为禅,内不动心是定"。❶因此,仁之美的第三种美体现的是君子"宁静致远"的"境之美"。

《五灯会元·卷三十》曰:"步步登高时如何?"师曰:"云生足下。"

这句描写的是石霜楚圆法师的开阔胸襟。山是静的,云是动的,但不论动静,都随着我的脚步而存在——这就是心境。

反观《周易》艮、渐两卦,反映的也恰恰是这样的一种境界。

《艮卦·大象》曰:兼山,艮;君子以思不出其位。

《艮卦》是重叠的山,《艮卦》的象辞里面讲"时行则行,时止则止;动静不失其时,其道光明",就是说,处理问题、做事情要与时偕行,因时因地对面临的

---

❶ 《六祖坛经》。

第三章 仁义思想与艺术管理

事情进行判断做出决策,离开具体的时间、地点再用相同的方法处理事情,真理可能就会转为谬误。这恰巧与《礼记·大学》中的"知止而后有定"❶有异曲同工之妙。云随足至,思不出山,山自不动,正是描绘的君子这种"知止而定"的心境。

《礼记·中庸》说:"君子之道,譬如行远必自迩,譬如登高必自卑。"❷正是描绘了君子那种"不以物喜,不以己悲""先天下之忧而忧,后天下之乐而乐"的境界。或许这恰巧能够象征石霜楚圆法师所说的君子"云生足下"的心灵境界。这或许也就是儒家的"仁"对"境之美"的最好诠释。

(二)施民济众,管理至德

《论语·雍也》中子贡问孔子说:"如有人能让百姓都得到实惠,又能扶贫济困,可以算仁人吗?"孔子说:"何止是仁人,那必定是圣人!尧舜都做不到!所谓仁人,只要能做到自己想成功时先帮别人成功,自己想得到时先帮别人得到,就可以了。推己及人,可算实行仁的方法。""博施于民而济众"就出自于此。从艺术管理角度讲,"博施于民而济众"就是说艺术管理者及其团队所要创作、生产、宣传、推广的作品必须要满

---

❶ 《礼记·大学》。
❷ 《礼记·中庸》。

足两个条件：一是要发挥其艺术教育的功能，能够通过不同形式、不同题材、不同内容的艺术作品的编创和展演，引起艺术欣赏者的共鸣；二是要通过演出给公司、演职人员带来良好的收益和广泛的市场前景。继2014年习近平总书记《在文艺工作座谈会上的讲话》后，我国的艺术品市场进入了蓬勃发展的白热化阶段，但是诸如艺术品市场"有高原、缺高峰""有数量、缺质量"、低俗、碎片、泡沫化严重等，这些在文艺工作座谈会讲话中提到的突出问题依然没有很好地被解决。所以说，艺术管理者要想达到"博施于民而济众"的境界，要想让在自己管辖范围内的艺术家创作出优秀的艺术作品，最重要的就是要有仁爱之心，同时要把握住艺术作品的思想文化内涵，让艺术发展脱离西方渲染的"眼球经济"，脱离"铜臭气"，走上健康繁荣之路。

1. 凡作传世之文者，必先有传世之心

习近平在文艺工作座谈会上的讲话中明确指出："创作是艺术工作者的中心任务，作品是艺术工作者的立身之本"。并且引用了《闲情偶寄·词曲》中的诗句"凡作传世之文者，必先有可以传世之心"。

李春雷是鲁迅文学奖获得者中最年轻的报告文学作家，也是徐迟报告文学奖历史上唯一蝉联三届的获奖者。他长期"深入生活，扎根人民"，他的长篇报告文学《钢铁是这样炼成的》《宝山》被文艺界公认为中国工业题材文学创作的纪实文学代表作品。大学毕业虽在报社从事新闻撰写工作,却仍然心怀文学梦,希望成为一名真正的作家。1998年他在邯钢和工人们一起守岁,创作了长篇报告文学处女作《钢铁是这样炼成的》;2008年汶川大地震的当天夜里,他主动向中国作协请缨,背着睡袋、干粮和饮水,几度死里逃生地步行在滚石飞沙的山路上采访。在最短时间内创作了一部长篇和三个短篇作品,其中,短篇报告文学《夜宿棚花村》被入选《大学语文》课本;2010年青海玉树地震后,他再次请缨。独身一人连夜飞往西宁,又在冰天雪地中日夜兼程18个小时,翻越4824米的巴颜喀拉山,以最快速度到达海拔4000米以上高原雪域深处的震中——结古镇。由于行动突然,缺乏休息,他的高原反应特别强烈,只能依靠吸氧和喝葡萄糖维持。前线指挥部急忙联系飞机,让他与伤员一起转移。但他却明白,北京方面只有他一个作家在场,使命在身,不能后撤,死也要死在最前线的岗位上!采访结束后,他没有休息,在最短的时间内创作了四篇作品,分别发表在《人民日报》《求是》《光明日报》和《文艺报》上;2014年年底,他主动申请到基层锻炼,组织批准他到省里一个县挂职。他几乎把全县的乡村走遍了,结交了很多农民朋友,深深感受到新时期农村细细碎碎而又轰轰烈烈的变化，也对于"深入生活、扎根人民"有了更深的理解。

2. 固本则木长，浚源则流远

"求木之长者，必固其根本；欲流之远者，必浚其泉源"出自魏徵《谏太宗十思疏》。其中的"本"和"源"都属于艺术作品的思想文化内涵层面的内容。只有艺术作品传达出的思想内涵是好的和善的，欣赏者欣赏到的才有可能是好的和善的。在中国象征着最高权力的统治者总是习惯于以"功成作乐"的形式来表明自己的政绩，这一点无论是置于古代还是近代都无一例外。

唐太宗在位时期就非常注重乐舞的政治含义，常常用乐舞表现其心中对于"仁"与"善"的追求。《贞观政要》记载了唐太宗"以舞象功德"的一段故事。

贞观七年，太常卿萧瑀奏言："今破阵乐舞，天下之所共传，然美盛德之形容，尚有所未尽。前后之所破刘武周、薛举、窦建德、王世充等，臣愿图其形状，以写战胜功取之容。"太宗曰："朕当四方未定，因为天下救焚拯溺，故不获已，乃行战伐之事，所以人间遂有此舞，国家因兹亦制其曲。然雅乐之容，止得陈其梗概，若委曲写之，则其状易识。朕以见在将相，多有曾经受彼驱使者，既经为一日君臣，今若重见其被擒获之势，

必当有所不忍。我为此等，所以不为也。"萧瑀谢曰："此事非臣思虑所及。"❶

太宗之所以不同意在《破阵乐》舞中增加破获刘武周等人的表演，关键在于他认识到，乐舞即没有反映出"仁"和"善"的思想，也不能表现不仁不善的内容。如果一些降臣在舞蹈中重见当日被擒获之状，势必非常难堪，不仅有伤群臣感情，而且会损害唐太宗聚集人才，广纳贤士的形象。唐太宗曾说："朕虽以武功定天下，终当以文德绥海内。"乐舞是体现帝王统治思想的一个方面，所以，唐太宗《破阵乐》才在"动荡山谷"的气氛中掺进"和易啴发"之音，以表现太宗在夺取天下后以文德治国的执政思想。

1963年2月16日，首演的话剧团奉调北京演出。抵京后沈西蒙和剧团的全体同志都盼望着周总理能快点来观看他们的演出。2月20日他们向全军政工会议进行首场演出的时候，周恩来、邓颖超偕同其他中央领导出现在他们面前，成了此剧在首都上演的第一批观众。为了让这部戏更好，周恩来不仅多次看他们演出，还去看其他团的演出，进行比较后，指示他们要发扬自己的风格和长处，也要吸取别人的优点，取长补短，互相促进才能进步。不仅在政治内容方面要不断完善，在艺术

---

❶ 《贞观政要》。

水平上也要精益求精。亲自召集文化部领导和首都文艺界人士举行了座谈会，广泛听取大家的意见。此次座谈会上，他对与会同志说："不是有人说现代戏不好写么？他们不是写出来了么？"希望大家能多写一些现代的东西。又说到："话剧是最有生命力的。这是个非常好的戏，很动人，写得好，演得也好。要想演好写好就得深入生活、熟悉社会。"沈西蒙激动地说："周恩来如此不辞劳苦地关心一个戏，是在辛勤培育无产阶级自己的艺术花朵。"

　　无论是唐太宗对"乐舞"艺术思想内涵的把握，还是周总理对于《霓虹灯下的哨兵》的用心，都反映了国家最高统治者对于艺术家个人及艺术作品的深切关怀。艺术管理者的中心任务就是以"仁爱之心"去关爱艺术家，通过与艺术家的交流进而了解艺术家的作品创作意图，对其创作得好的地方加以肯定，对其创作欠缺的地方适当地给予相应的意见和建议。只有以古人之仁爱观，开自己之新局面，以"思想精深、艺术精湛、制作精良"的标准去引导我们的艺术家进行艺术创作，我们的艺术作品才能真正地反映出"真、善、美"的思想内涵，才能够实现其"以情感人、潜移默化、寓教于乐"的社会教育功能。我们的艺术家才能在艺术管理者的影响下以传世之心创作传世之佳作。

二、儒家"义"中蕴含的美学思想和艺术管理智慧

（一）君子义美，畅于四支

《论语》中并没有对"义"之美进行相关的表述，但由于"仁"与"义"是君子"德性"的内外体现，因此我们可以从二者的相关性上，由"仁"之美观"义"之美。在《论语》中，孔子所提倡的"仁"更多体现的是一种君子内在修养的善之美、质之美、禅之美；而"义"更多表明的是君子行为处世的中之美、信之美、宜之美。如果将"仁"之美比喻成发于内心的"黄中通理"之美，那么"义"就是行于体外的"畅于四支"之美。

1."文质彬彬"的中和之美

"义"之美的第一层含义，体现的是君子"文质彬彬"的中和之美。《论语·雍也》中记载："质胜文则野，文胜质则史。文质彬彬，然后君子。"❶就是说："一个人如果他的品质胜过文采，就会变得粗野；而文采胜过品质，就会变得浮华。只有文采和品质配合恰当，才能称其为君子。而君子的这种'文质彬彬'的中和之美体现的是君子的气韵之美。"

未出土时先有节，便凌云处也无心。

——（宋）徐庭筠《咏竹》

---

❶ 《论语·雍也》。

宋代诗人徐庭筠的这两句诗,生动形象地描绘了竹子的样貌和形态,说的是竹子的生长过程。"未出土时先有节"描绘的是竹子还没冒出土来的时候,根上面全是一节一节的竹节;"便凌云处也无心"描绘的是这个竹子长得再高,它中间也是空的。这两句话看似描绘的是竹子,其实是在以竹喻人,以此说明我们人应该有怎样的气韵。

"未出土时先有节"说的是,竹子还没有生长出来的时候,也就是人还没有崭露头角之时,应该怎样?这个时候应该坚持气节。做人要有气节,不能够为了出头,就抛掉了这个气节。"便凌云处也无心"就是说当你飞黄腾达、声名显赫的时候,还要保持谦虚谨慎。这两句诗很好地体现了中国艺术一种精神,艺术并不只是表现在外在的语言、文辞、图像、动作,而是要在这里面体会到它所蕴含的为人之道。

通过诗句形象的比喻,我们可以深切体会到"义之美"包含的是君子"文质彬彬""内外兼修""注重气节"的"德性"、气韵之美。

2."上义好谦"的信之美

中国有句古话:"满招损、谦受益"。中国的大多数家长也常常以"谦虚使人进步,骄傲使人落后"来教育子女。生活中,我们夸赞一个人具有谦虚的品性时,常常说"谦谦君子,温润如玉"。"谦"这个词在中国文化中占有很高的地位,也是作为君子圣人皆有的品性之一。《周易·谦卦·初六爻》的小象辞里讲:"谦谦君子,卑以自牧。"❶说谦虚的人始终保持一种谨慎的态度,修养自己的身心,以此来与他人相处。"谦"之于自己,代表的是个人的内在修养,之于他人,代表的是与人相处"谦虚谨慎,以诚待人"的处世智慧。《周易·中孚》卦讲的就是君子"以谦自居,以诚待人"的处世之道。

象曰:"中孚",柔在内而刚得中……豚鱼吉,信及豚鱼也。

九二曰:"鸣鹤在阴,其子和之。"❷

《周易·中孚卦》(风泽中孚),上卦为巽为风,下卦为兑为泽,《中孚卦》的象辞里面"柔在内而刚得中"说的第三爻和第四爻为柔,第二爻与第五爻为刚,而有分别处于上卦与下卦之中,六爻卦的中位为第三爻和第四爻的阴爻,柔在内,象征着内心谦逊的阴柔之美,代表了中虚之美;而上卦与下卦的中间爻位(第二爻和第五爻为阳爻)刚得中,象征着内心充实的中道刚健之美,代表了中实之美,"中虚中实"正是君子"重仁守

---

❶ 《周易·谦卦·初六爻》。
❷ 《周易·中孚》。

义"的信之美。恰似仙鹤在山阴处啼鸣，其子在远处应和。象征着实行"道义"之人，因"诚信谦卑"处世而有追随者与之应和的"义"之美。

3. "利物和义"的宜之美

在儒家思想中，"义"的含义分为"道义""人义""利义"三类，但无论是道义、人义还是利义，最终的目的都要达到《礼记·中庸》中所说的"义者，宜也。"也就是适宜、适度。

利出私情害万端，义循天理乐而安。
是非得失分霄壤，相去其初一发间。

——（汉）陈普《孟子·义利》

汉代陈普有一首描绘"义利"关系的诗，意思是说："利"的发端处是人的私心，对社会的影响是不好的；而"义"是遵循天道规律的，因此它让人快乐而心安。对于同样一件事情，不同的处理方式其结果天壤之别，如果以义为上，不考虑个人得失，其结果就会是好的；如果以利为大，那么结果必定是坏的，原因就在于当时的一念之间。

这首诗很恰当地说明了人们在"义"与"利"之间的选择问题,如果我们能够全面地看问题,不去区分"义"与"利"的好坏得失，二者也是可以融洽相处的。《周易·乾卦·文言传》中就将"义"与"利"结合而言"义之美"。《乾卦·文言》说"利物足以和义"就是指恰当的分享利益可以达到和义的目的。陈梦雷在《周易浅述》中说"利者,生物之遂,物各得宜,不相妨害。于时为秋,于人为义。"都恰到好处地体现了"义者,宜也"的适度之美。

(二)因民利之,管理准则

"因民之所利而利之"出自《论语·尧曰》。子张曰:"何谓惠而不费?"子曰:"因民之所利而利之,斯不亦惠而不费乎?"[1]子张问政于孔子,子张说:"怎样才能给群众实惠而不浪费财政?"孔子说:"做有益于人民的事,给人民以实惠,不就是给群众实惠而不浪费财政吗?"孔子所说的"因民之所利而利之"是对于普通管理者而言,而对于艺术管理者而言,这句话也同样适用。艺术管理者与普通管理者的最大区别就是,普通管理者需要满足的是人们对于物质温饱的需求,而艺术管理者需要满足的是人们对于精神升华的需求。由于精神产品有其自身的特殊性,因此,它在流通过程中可能有别于其他生活用品。但是对于管理者而言的出发点是相同的,都是要做有益于人民的事情,通过各种方式和手段的实施,给人民以实惠,让群众能够得到切实的

---

[1] 《论语·尧曰》。

利益。艺术管理给人民带来的最大好处就是通过文娱的形式起到移风易俗的作用,因此,"义"作为儒家思想中仅次于"仁"的核心理论,它对于艺术管理的启示主要有以下两个方面:

1."义以为上"是艺术品供给侧改革的关键

2016年以来,提到的最热的两个词莫过于"供给侧改革"和"工匠精神"。而艺术作品在关注供给端改革的过程中,最先要把握的就是艺术作品的文化内涵,不能一味地为了追求票房而推出作品。因为凡是与"利"相挂钩的艺术作品,绝大多数情况下会失去它最本质的东西,而且这样的供给并不能满足需求方,反而会引起相反的结果。这也是当前中国艺术品市场中普遍存在的问题,供给不能满足需求,需求的无法供给。这种情况并非是近两年才形成的,而是长期存在的一种普遍现象。在这样的大环境下创作出的艺术作品,我想多半是习近平总书记2014年10月24号《在文艺工作座谈会上的讲话》中所提到的那种低俗的、充满铜臭气的、轻社会效益而重经济效益的作品。

因此,为了有效避免这种情况的发生,就要求艺术管理者在把关和推广艺术作品的时候,本着"以义为上"的原则,去推广那些真正有文化价值,真正体现中国优秀传统文化内涵,"思想精深、艺术精湛、制作精良"的作品,避免低俗化、庸俗化、泛滥化的文化作品。

全国人大代表、国家一级演员、湖北省戏曲艺术剧院院长杨俊在接受中央电视台采访时说道:"观众是识货的,不是他们没有文化追求,而是能够触动他们、有质量的、能产生共鸣的文化产品不多。"他认为,如今百姓对精神层面的需求日益多样化、复杂化,有数量缺质量,供给侧存在结构性失衡,造成了文化消费者喊"渴"。文艺工作者必须直面公众要求越来越高、品位越分越细的现实,勇于善于创新,耐心精心打磨作品,才能让消费者"买账"。

黄梅戏曲故事片《妹娃要过河》正是将鄂东黄梅戏和鄂西风情有机结合,土家歌舞的野性张力融合了黄梅戏的温婉缠绵,看似跨界却又浑然天成地把湖北黄梅戏带入一个新的高度。该剧在国内获得了第一届湖北艺术节暨第十届"楚天文华大奖"、第十届中国艺术节"优秀剧目奖",因其理念得益于精品创新意识,使得鄂派黄梅戏被拍成电影,成功入围2016年第13届世界民族电影节,并受邀在美国百老汇演出。而杨俊本人也再次获得戏剧艺术的最高奖——文华奖。

2. "义薄云天"是艺术品牌不断扩大的前提

"义薄云天"一词,出自(南朝·宋)沈约的《宋书·谢灵运传》,原句是"高义薄云天。"是比喻一个人的正义之气直上云霄,形容人有情有义、精神崇高。作为一名艺术管理者,我们在"义"与"利"面前,应该时刻保持清醒的头脑,不能因为一时的利益诱惑就违背自己的职业操守,不去思考作品的实际内涵,而只用收益的多少来衡量作品的价值。长此以往,将会造成整个艺术市场生态环境的恶化,导致艺术作品失去其"以情感人、潜移默化、寓教于乐"的社会教育功能。我们更应该向那些无论在怎样的状况下都始终坚持自己职业操守的艺术管理者学习,学习他们"义字当头"的精神和气节。

尚小云是京剧"四大名旦"里功夫最好的一位。在抗日战争前后长达 10 年的时间里,他更是以一人之力倾其所有地创办了一所戏剧学校——荣春社,不仅聘请名师还亲自教戏,更管吃管住,保证就业,他授徒讲学的热情和精神一直延续到生命的尽头,为我国戏剧人才的培养做出了不可磨灭的巨大贡献。

在荣春社里,尚小云不为赚钱,在教育上对科班里的师生严厉苛刻,在饮食起居等细小生活细节中极尽关怀。他说:"学生学戏辛苦,不能在饮食方面使他们受苦。"每次菜上桌前,尚小云都先逐一试过,不好吃就要重做。为了保护好学生的嗓子,他不允许学生食用冷食，即使夏天吃水果，也要用开水烫一下再吃。在诸如日常卫生、医疗保健方面，他不仅月包澡堂给学生洗澡，还和数家医院签订合同，定期聘请知名大夫前来出诊。社内诸如戏服行头、设备、教师薪酬等开销应用，也全由尚小云一人维持。为此，他先后卖掉了7所住宅，包括其中的家私、字画收藏等。鼎盛时期，荣春社每年出演戏剧百部以上，学生四五百人之众。他不仅用招收学子的办法收留了数百贫困子弟，教他们文化知识和戏剧技艺，更组织他们为抗日进行多次义务演出。他在培养戏曲人才方面，仗义疏财，卖舍办学，传承技艺，在那个动乱的时代里，尚小云肩负数百人学习就业重任而不弃之精神，是谓"铁肩担道义"的真实写照。

小结

儒家的"仁、义"思想是衡量人与人之间是否能够和谐相处的首要价值和评判标准。人不能离开社会孤立存在，因此，"仁"与"义"是中国社会中合理处理好人与人之间关系的基本原则与行为规范。"仁"是彼此关怀爱护，"义"是各尽职责。"仁"构成了社会最本源的向心力和凝聚力，"义"构成了社会最本原的适宜性和秩序性。如果没有凝聚力和秩序性，社会都无法存在，更不要说艺术组织和艺术管理者了。

作为一个艺术管理者如果不是选择用"仁爱"和"道义"的标准去内化自我、以身作则,潜移默化地影响身边的艺术家,而是选择一种只为追求名利而不择手段的"不仁"和"不义"的方式,通过夸大宣传、票房作假、抬高票价、一味迎合低俗文化等手段去获得经济利益,是无法长久的。可能会有一时的收益,但终将有一天会被那些真正"思想精深、艺术精湛、制作精良"可以传世的作品所替代的。观众会随着日新月异的科技变化、高等教育的普及与提高、社会变革的深化、接触面的不断扩大而使得自己的审美评判标准日益增进、不断提高。比如2014年,当所有人看到习近平在召开文艺工作座谈会讲话,所邀请到的文艺界人士中并没有一些时尚明星的身影时,网上就掀起了一番某些"小品艺人"的议论狂潮。有些小品确实能给人们带来欢乐,但是随着前几年某些小品的低俗化倾向严重,不仅没有对社会起到良好的教化作用,反而误导了观众的审美倾向,助长了艺术市场的低俗化,单纯刺激感官娱乐化的不良风气。习近平总书记对艺术家提出的"创作是艺术工作者的中心任务,作品是艺术工作者的立身之本",以及文艺不能做市场的奴隶,艺术作品不能沾满铜臭气的两大方针,并且明确指出"低俗不等于通俗、单纯的感官娱乐不等于精神享受。"艺术家如果把文艺当成市场的奴隶,浑身沾满了铜臭气,金钱至上,把低俗、单纯感官娱乐作为艺术创作的初衷，而不以"仁""义"作为艺术创作的价值追求，是不可能创作出经久不衰、流芳百世的艺术作品的，总有一天会被人民群众所摒弃、被社会所淘汰。

由此可以看出，无论是一个国家、一个社会，还是一个企业或一家文化艺术团体公司，都应当以是否有利于人类的整体生存发展、是否有利于社会的和谐共生为其战略发展的最高价值标准。儒家提倡的"仁""义"之立人之道以及仁义并重的价值准则具有重要的社会现实意义和思想理论指导意义，也是一个高层管理者修身、齐家、治理社会与国家的至高管理境界。

第四章　忠恕思想与艺术管理

从孔子的儒家思想中我们可以清晰地看到"仁"是孔子思想的核心，其最基本的精神即"仁者，爱人"，其提出的爱人是从爱自己的亲人、家人开始，进而扩展至爱众人、众生。仁之本，既对人提出了自身内在修养的要求，要培育仁爱之心，又要以爱心去关爱他人，帮助他人。人有其特殊的社会本质，人是个人，但究竟是家人、族人、团体人、社会人，故得以生存、繁荣发展。从社会本质要求，每个人生存发展都必须处理好与他人的关系，"仁"字本身告诉我们要处理好"二人"间（与他人）的关系，其出发点是要爱他人。但怎样才能在复杂的社会人事关系中做到关爱他人呢？这既是重大的理论问题，又是一个亟待解决的社会实践问题，孔子在继承前人传统思想和对社会现实深入思考的基础上，提出了"忠恕之道"。

第一节　　夫子之道，忠恕而已

一、己欲立而立人，己欲达而达人

曾子曰："夫子之道，忠恕而已矣。"❶子贡曰："如有博施于民而能济众，何如？可谓仁乎？"子曰："何事于仁，必也圣乎！尧舜其犹病诸！夫仁者，己欲立而立人，己欲达而达人。能近取譬，可谓仁之方也已。"❷朱熹："尽己谓之忠。"子曰："朝闻道，夕死足矣。"❸孔子所说的道即是仁，是仁者爱人，其思想展开即是忠道和恕道。子贡向孔子请教：如果一个人能博施济众，这个人怎么样？能不能说是具备了仁德呢？孔子回答说："何止是仁德，那一定是圣德了！尧舜恐怕都难做到！所谓仁德，自己要站立起来，就要帮助别人站立起来，自己要通达，也要帮助别人通达。凡事要从自身做起，将心比心，推己及人，就是施行仁者爱人的途径和方法了。"

---

❶ 《论语·里仁》。
❷ 《论语·雍也》。
❸ 《论语·里仁》。

第四章　忠恕思想与艺术管理

何谓忠呢？现今社会一般意义上的解读普遍存在问题，所谓忠是要求忠于某个具体对象，如忠于某个领袖、某个领导，如国民党政府要求官员、民众要忠心于蒋委员长，有的领导评价下属的内心标准就是看是否忠诚于自己，搞人身依附关系，拉帮结派。对上唯命是从，上面说什么就是什么、才干什么，让领导喜欢即是忠。文化大革命中林彪搞忠字化运动，不要个人的思想，不要有个人意志，实则隐藏个人篡党夺权之野心，对社会风气造成极恶劣影响。

应怎样正确认识、解读孔子说的忠？忠字的结构，中在心上，中为正。中也为时间概念，时中，当太阳处于当头正南时，正午12点称为中午，或正午时，偏离这个正午就是偏时，忠是指人内心要中正。内心是否中正，有无标准呢？有，这个标准就是"仁"，即对人要不违内心之中正，不要不违良心。内心之"仁"原本是宇宙中正之天道。你如何才能知道内心是"仁"德，内心是否中正？方法就是反思。反思是人特有的精神功能，也是人特有的精神世界。曾子曰："吾日三省吾身：'为人谋而不忠乎？与朋友交而不信乎？传不习乎？'，"❶儒家也是强调内心修养的，修心的方法是反思，即曾子所说，一日三省吾身，反省是一种自我教育，是极其重

---

❶《论语·学而》。

要的修身法门,通过自我修养,而提高精神境界、养成良好道德的涵养。一个人能否坚持自省,这是真正的能否自我完善的法宝。曾子说了儒家自我反省完善的内容有三个方面:办事是否忠实(做事方面的),对朋友交往是否诚信(处理人与人关系的),学习是否勤奋(自己身心修养方面的)。这三个方面是与人处事的基本要求。

  现代人应对事物繁杂,不必一日三省,若能每晚进行一次反省自身,将一天行为是否忠是否仁呈现出来,进行自我检讨,反观自己的行为是否是正的,是否是无私心的,是否忠正而对得起天地良心,自己只要认真思考都是一清二楚的,因每个人内心之中原本有个"仁",原本中正"良心"是在内心深处存在着,只需要你用反思方法去不断审问自己的心灵,我内心中正吗?我对得起或符合天地良心吗?他就会告诉,良心就会发现,内心"仁"就会呈现,对做过的事情都会明白是非,可以明白自己内在人格和外在行为是否统一。常反思才会将内在人格和外在行为相统一。孔子也极为重视修身中的反思,"子曰:见贤思齐焉,见不贤而自内省也。"❶在与人交往中,看到有才有德的人,要学习,要向他看齐;看到不贤良的人,要反思自己有没有相同的问题,

---

❶ 《论语·里仁》。

需要加以纠正。这是君子加强自我修养的重要方法，持这样的态度与人相处，无论贤否都能受益，与什么样的人都能和睦相处。

孔子提出的"己欲立而立人，己欲达而达人"是对于忠的很高的要求，自己想要做成功的事，也要帮助别人做成功，自己想要达到的理想目标，也要帮助别人去达成。有好事、有成就、有荣誉要积极主动地去帮助别人成就，去主动和别人分享。这是一个内在非常清净、非常无私而高尚的心灵。忠是自己内在心灵的中正与外在行为的高度统一，是内在忠和外在诚的高度一致。由此我们可看出，儒家的忠不涉及外在与他人的关系，不是要求个人忠于君王或某个行业人物，而只是要求每个人（君子）内在心灵和外在身体行为的一致性，是中正于心而诚信于身。最后通过"立人""达人"成就自己的人格，完善自身的道德。

二、己所不欲，勿施于人

仲弓问仁。子曰："出门如见大宾，使民如承大祭。己所不欲，勿施于人。在邦无怨，在家无怨"。❶ 仲弓向孔子请教什么是仁。孔子说："出门工作像接待贵宾，役使百姓如同承担重大祭祀，这是敬；自己不愿

---

❶《论语·颜渊》。

意做的事,不要强加给别人,这是恕;无论在国还是在家都不怨天尤人,敬人、恕人、不怨人,就是仁者爱人了。"

何为恕道?孔子明确作回答。从汉字结构上可看出,恕乃如心之义。其要义谓,君子为人处事要"如己之心"去思考、去处理,即要将心比心去对待别人、去做事情,要以己之心去推度他人之心,宽容他人。朱熹曾解说:"推己及人谓之恕"。❶凭什么去宽容他人,就凭这个恕心。别人之心如我之心,我自己的心也如他人的心。这里不是要同情别人,是人们相互间有相类似的情感或相同的心灵状态。人们长期生活在大体相同的自然环境中,通过长期生活积累,渐渐形成了大量的公共经验,而且在共同的生活中有相对的稳定性。如夏日酷暑要穿单衣,下水去洗凉;大雪纷飞之严寒要穿棉服,烤火取暖。如果你的某一家人寒冬没棉衣穿,少饭吃,马上就会知道这家人的生活状态是饥寒交迫,你有多余的衣服食品就会给予帮助,因你知道挨饿受冻的滋味,你不想让别人这样痛苦。今年若是暖冬,湖上冰薄,滑冰危险,见别的孩子玩,你也会担心。当然现今世风日下、道德沦丧,也会常常出现年轻夫妻丈夫出轨,使妻子蒙受痛苦,妻子为报复丈夫,也在外找情人,让丈夫也尝尝妻子不忠

---

❶ 《四书章句集注·中庸章句》。

第四章 忠恕思想与艺术管理

的痛苦，这叫己所不欲专施于人。

儒家之"己所不欲勿施于人"是强调人们正因有相同的心理情感和共同应遵循的社会原则，在如何对待他人上，要将心比心，以自己之"仁"心、"善"心去推及别人，自己不愿意的事情，不要强加给别人。自己不愿意的事通常是在该时间、地点、条件下，不利的事情，有害的事，自己明知去做会受到伤害或很难完成的事情，就不要推给别人，不要因自己的原因去伤害他人。在20世纪90年代联合国召开的世界宗教领袖大会，已将孔子此名言作为人类的普世价值而加以提倡，也是人与人相互共事中应共同遵守的道德底线。"忠"之道要求一个人要主动去帮助别人以完善自己的人格，是较高的要求。"恕"道是要求一个人不要去故意伤害别人，而完善自己的人格，是做人的基本要求。如果说帮助他人成功可能会伤害到自己的利益，但不伤害他人的利益是一个正人君子（具有仁心的人）完全可以做到的。

如果说儒家"忠"道是求自己内心正、内心诚、内心无私、内心光明、内心干净，是内心无愧于天地，是来于内省、反思，内省而无咎，自己成功也主动帮助别人成功，是积极与别人分享荣誉与成就，是至高境界。但帮助别人，成就他人，会在心中种下善根与善缘。你帮助别人，别人会记在心里，也就有机会也会获得他人相助，是结下了善缘，收获福缘。即常说的，帮助别人也就是帮助了自己。需要谨记的是，一定要帮助真正需要帮助的人，需雪中送炭，非锦上添花。而"恕"道之要义，是将心比心，不去伤害他人。不故意伤害他人乃为人道德之底线，即不要为自己种下恶报，不要结下恶缘，你伤害了别人，就会结下恶缘，别人也就在心里记下你，生起一份仇恨的种子，会千方百计寻找机会报复你。因果报应论不只是佛教观念，在传统文化中的各派思想中都能见到，如孔子所作《易传》就有"积善之家，必有余庆；积不善之家，必余殃。"❶有因必有果，从内心"仁"出发，既要履行忠道又要践行恕道。

　　孔子认为"忠恕之道"在社会生活中的践行，是对人们内在"仁"的确切表达，是对"仁"道的展开之形态。内据于仁，外合于礼，是据内合外之道。

　　当今社会存在着各式各样的评判标准，这个时候人的心更容易迷失方向。尤其是当人们拥有一颗诚恳希望的心，投入工作却怀才不遇或不被理解时，当受到他人的误解，满心委屈时，作为领导者、管理者，面对下属需要用什么态度对待他们？儒家思想中的"忠恕之道"给予我们很好的思考和解决问题的方法，忠诚于自己的内心，将心比心，有好事与同事共同分享，自己不愿意

---

❶ 《易传》。

做的也不施加于他人。忠恕之道并非离我们遥远且触不可及的传统经典，其理念深深植根于儒家思想并能绵延至今使我们受益。它能够作为调节人与人之间关系的道德规范，同时为企业提供有序管理，使得企业更好地发展。

第二节 以人为本，修己安人

儒家管理学本质上是崇尚人文精神、伦理道德的"人学"，其着眼于"以人为本"的管理之道，注重通过对人的管理去推动事业的发展，即常说儒家要立德、立功、立言，但立德是立功立言的前提。西方管理学的发展也关注了对人的管理，但其基本原则是通过建立系统的规章制度从而实现对员工的控制和约束。而儒家的"以人为本"的管理思想是一门"修己安人"之学，或成为"正己正人"之学。儒家管理哲学以高尚的境界和深厚的眼光处理了管理主体与管理客体间的关系。对人员的管理要建立明确的规章制度，使员工有行为准则可循。但更为重要的是儒家强调领导者、管理者的思想行为的实际影响力、教化力。领导者的以身作则、言传身教才是使广大员工真心服从的人格魅力。"人本管理"思想认为，人不只是"经济人"（利益人）、"机器人"，人更是"道德人""理智人"，而儒家的"修己安人"管理思想，强调的是管理过程要始于"修己"，终于"安人"。一个优秀的管理者必须要首先管理好自己的内心，调整自己的情绪，方才能管理好他人，协调好员工，管理好主体，这是管理客体的基础与前提。孔子提出的"忠恕之道"为处理好管理主体与客体关系提供了极重要的思想方法。

一是领导者既要认真选拔使用人才，又要积极培养人才。在制定组织发展战略时，既要事业发展，同时又要为人才成长提供良好的机会，要使事业和人才共同发展、共同成长。对于组织的优秀人才，尤其是核心人才，他们的最大的需求或理想是事业上的成就，是充分展现自己的才华，实现自己的人生抱负——即自我价值的实现。管理者必须清楚，事业的光明与发展才是留住高级人才的关键，即常说的要依事业留人。儒家的"己欲立而立人，己欲达而达人"，就是讲组织的领导者在发展组织庞大事业同时，在成就领导者大业的同时，一定要让核心人才在事业发展上取得成就，要通过事业的成功使核心人才获得心理上的最高需求，这也是对高级人才最强大、最持久的激励动因。

二是组织领导者在使用人才、培养人才过程中还要关心人才、爱护人才。对待人才要怀着深厚的情感，不只是给予相应的物质利益，嘘寒问暖，从生活上关注，更要将心比心，真诚相待，充分信任，放手使用，给任务要留有余地，压担子要适度，自己都难以做到的事情不交给下属去办理，要将下属当作自己的兄弟、亲人去去爱护。总之像孔子所说："己所不欲，勿施于人"。

对核心人才既要大胆使用、培养，又要更加爱护，凡有利于人才成长的事领导者要多做，要下功夫做，凡不利于人才成长的事要尽量少做或不做。要让人才感到组织是一个温暖的、仁爱的、讲情感的家，一个优秀的领导者要学会用情感打动人，用情感留住人。

三是互爱，以美利利天下。有人讲过这样一个故事，上帝让人来认识天堂和地狱的不同，他首先把人带进了地狱，一群人围着一大锅肉汤，但每个人都面黄肌瘦，一副饿相，因为尽管每个人都有一只勺子，但汤勺的柄比他们的手臂还长，自己没法把汤送进嘴里。他们又来到了天堂，同样一锅肉汤，同样每个人一把长勺，但人人身宽体胖，满面红光。人们感觉很奇怪，上帝把秘密揭开，"在这里，每个人都喂别人吃，而地狱的人只管自己。"所以，作为企业的管理者更需要关注企业"双赢"，与广大员工要利益共享，要民富国强。管理者如果长期不顾及广大员工的实际利益，失掉的是企业的人心和凝聚力，企业终究会因人才、活力消减走向衰败。

《孔子家语·辩政第十四》记载了这样一段故事：子路治蒲三年，孔子过之，入其境，曰："善哉由也，恭敬以信矣。"入其邑，曰："善哉由也，忠信而宽矣。"至廷曰："善哉由也，明察以断矣。"子贡执辔而问曰："夫子未见由之政，而三称其善，其善可得闻乎？"孔子曰："吾见其政矣。入其境，田畴尽易，草莱甚辟，沟洫深治，此其恭敬以信，故其民尽力也。入其邑，墙屋完固，树木甚茂，此其忠信以宽，故其民不偷也。至其庭，庭甚清闲，诸下用命，此其言明察以断，故其政不扰也。以此观之，虽三称其善，庸尽其美乎？"❶

　　子路治理蒲地三年，孔子经过那里，进入边境，说："好啊！仲由做到恭敬而又诚信了。"进入到城里，说："子路真不错啊！尽忠守信而且宽宏大度。"到了庭院，说："好啊！仲由做到明察果断了。"子贡拉着马缰绳说道："您没有看见子路处理政事却三次表扬他不错，他的优点您可以说给我听听吗？"孔子说："我看到他的政绩了。进入边境，看到耕地管理得好，荒芜地都开辟了，沟挖得深。这说明他恭敬诚信，所以百姓尽力干。进入城里，看到墙壁房舍完整牢固，树木茂盛。这说明他忠诚宽厚，所以百姓不苟且。到了庭院，看到清洁雅静，下臣听命。这说明他明察果断，所以政事不乱。通过这些来看，即使三次称赞他好，难道能赞美得全吗？"❷子路为官是站在一个仁者的高度，处理政事为百姓着想，事事以百姓为先，故他的政绩融入到百姓的经济生活之中，体现在敬民、信民、爱民、亲民之中，才使治下一邑国泰民安。

---

❶ 《孔子家语·辩政第十四》。

❷ 孔子：孔子家语[M]，北京：中国文史出版社，2003.119。

第三节　忠恕思想对艺术管理的启示

一、至诚至善，人格之美

儒家作为理性的人文文化，极为重视人格，重视人的道德修养。其忠恕之道，即儒家注重了人的君子之美、人格之美、内在之美，这种美是首先通过领导者、管理者心灵之美、自我本心的善良与爱心而呈现高尚道德品格，即人格魅力去示范社会、教化民众，从而实现他人美、社会美，实现依人文教化治理社会的目标。

忠道"己欲立而立人，己欲达而达人"是领导者（管理者）胸怀天地、胸怀百姓之美，是至诚至善之美。心中装的是大爱，要时时处处关爱民众，积极帮助他人，成就他人，以民众利益为出发点，遇到好事、好的机遇主动与他人分享，体现了当代的"雷锋精神"，积极主动地为社会、为民众付出自己的一切，既是锦上添花，更是雪中送炭。其心胸是光明的、透亮的，人格魅力是灿烂的！忠道体现了人的纯真的心灵，是坚守一份至善大德。

恕道"己所不欲，勿施于人"是领导者（管理者）居于掌握民众命运巨大权力的高高在上的地位时，为人处世要守住初心，守住自己的本心，要守住自己的天地良心，要将心比心，多换位思考，明知不利的事、会失败的事不推卸给别人，坚守的是君子做人的底线——绝不坑人、害人。也是领导者（管理者）人格的至诚之美、厚德之美、担当之美、律己宽人之美，更是领导力长青之美！

二、尊重个性，柔性管理

艺术价值不是自我欣赏的，是走向社会去表达的，是满足民众审美需求的，是人民的精神食粮。艺术管理不同于一般的企业管理，其特点主要为所管理的对象是一群富有强烈创新意识和艺术个性的艺术家。艺术家个性修为在一些方面较为自我，是个性张扬又和而不同的群体。故艺术家们渴望受到关注并被社会认可，他们努力追求荣誉及自我价值的实现。艺术家的这种渴望和追求有一定的职业性、社会性、合理性。艺术家的群体是一个感情丰富又善于情感表达的特殊群体，艺术管理工作者首先应尊重、理解艺术家的情感，鼓励他们张扬艺术个性，支持他们的艺术作品获得社会充分认可。艺术创新既需要天分，又需要艰苦复杂的脑力劳动，要积极给予他们艺术创作的自由及空间，主动提供必要的工作、生活条件，艺术管理组织应有原则性规范，但在管理思维和方法的总体上应是柔性的、个性化的、宽松型的管理，而非严密的、整齐划一的。

案例1：华谊兄弟与冯小刚 ❶

电影产业中这样形容王中军的华谊兄弟和冯小刚，他们认为王中军是华谊兄弟的掌舵人、操纵者，而冯小刚则是其中尤为重要的压舱石。在电影的圈子里，华谊兄弟之所以能够稳稳当当地发展到今天的辉煌境地离不开冯小刚的努力和付出。

2009年9月份，华谊兄弟传媒股份有限公司首次公开发行普通股的申请已获中国证券监督管理委员会证监许可，并在创业板上市。在此次的上市招股书中作为董事长的王中军强调了冯小刚导演为公司做出的卓越贡献，招股书中指出："公司目前业务规模有限，少数签约制片人以及导演对公司业绩的贡献占比相对较高。如电影业务，冯小刚工作室在报告期内出品了《集结号》和《非诚勿扰》两部影片，这两部影片约占报告期内发行人电影业务收入的40%和总营业收入的80%，公司对冯小刚有一定的依赖性。"王中军不仅肯定了冯小刚的价值，同时他也曾毫不避讳地说："如果没有冯小刚，

---

❶ 参考：秋原：大片时代·冯小刚与华谊兄弟 [M] 桂林：广西师范大学出版社，2011.21.

我可能就不做电影了。我一直认为华谊兄弟是我们三个人的,他是其中的一分子。"

案例2:共同承担风险 ❶

人与人之间的相处需要较长一段时间用于磨合,是从相互了解、体谅到理解的过程。在企业合作过程中,对合作伙伴同样需要一定的磨合期,正如华谊兄弟和冯小刚之间的合作。其实对于华谊兄弟而言,可与他们合作的导演并非只有冯导一人,同样的,对于冯导而言,华谊兄弟并不是唯一的投资方及合作方。但最终华谊兄弟和冯导却紧紧地绑定在一起,将这位国宝级的导演归属在华谊兄弟旗下。其实他们的选择不无道理,他们相互欣赏、相互学习,不论是相似的生活经历还是由内而外的为人处世之道都一拍即合。尤其是针对电影艺术,双方能够在各自管辖领域负起责并能做到共同承担风险。其实,作为导演可能只需要对影片的拍摄和制作负责,保证自己的利益即可,由此将影片发行的风险全权推给投资方。但冯导的作风却截然不同,他不仅对电影艺术有着极高的要求,也积极主动地将电影发行中的商业风险与自己的票房成绩挂钩。

---

❶ 参考:秋原:大片时代·冯小刚与华谊兄弟[M]桂林:广西大学出版社,2011.21.

从案例1可以看出，王氏兄弟毫不遮掩地夸赞了冯小刚对公司所作出的贡献，并且是在公司尤为重要的招股书之中。由此看出，王氏兄弟作为艺术管理组织的领导对华谊兄弟公司的艺术家的一种极大的肯定支持与推展，对冯小刚更是高度的认可和尊重。案例2中我们不难发现，冯小刚虽只是华谊兄弟旗下的艺人、导演，却能够站在公司角度与公司一起承担创作以及商业推广过程中可能遇见的风险。两者正是忠诚电影事业发展走到一起，共同面对困难风险、相互支持，他们心中都存有努力打造能走向世界的中国品牌电影的最高价值理想，一心为心中的目标奉献自己。

因此，在对于艺术机构的管理中，正是需要管理者不断地肯定艺术家，给予艺术家一定空间发挥自己的创意，运用领导者个人之魅力，让艺术家创作更多的优秀作品。

三、尽己为人，提供平台

一个真正优秀的艺术管理工作者，要有良好的文化视野和敏锐的管理经营眼光，不断发现文化艺术的社会需求空间，给艺术家建立、打造良好的创新展现艺术才华的平台，将有艺术才华的艺术家个体组织起来、团结起来，协同创新、交融创新，提升艺术家创新力度，形成艺术集体创新阵地和气场。

案例3：Kalley："意外"扎根北京的蒲公英❶

Kalley Chen 是北京丹德力文化艺术有限公司的法定代表人，也是丹德力空间的女主人。丹德立空间的英文名为 Dandeli，是由蒲公英的英文 Dandelion 的音译。其实，这为优雅的女主人并非一直走在艺术这条道路上，自幼在父母的熏陶下接触并热爱着艺术，也结识了一批艺术家朋友，但是，她并没有直接迈向艺术这个圈子，而是跨向了法律的圈子。法律的担子对于 Kalley 而言并不轻松，在生活、事业经历系列变化后，她最终绕回艺术。就像一朵蒲公英，风的吹动让蒲公英迷失自我，但是再怎么飘忽不定最后都将深深扎进土壤中。Kalley 就如这朵蒲公英，深深地扎进了艺术之中。起初，她只是在迷迷糊糊的状态下筹备艺术空间，但是，久而久之坚定了自己的信念，坚信这并非意外选择而是自己应该付出的事业。其实，她的性格也很像蒲公英，确定好目标后坚定不移，对生活、对艺术充满了期许。丹德力艺术空间也正是在她这样满含期待下建立起来，她希望能将富有生命力的艺术作品吹到人们的心中，让生活艺术化，艺术生活化。

---

❶ 参考：Misssu:《温暖时库——大库和库邻们的那些事儿》

Kalley 说:"每个人的第一次生命是上天安排的,但是第二次生命可以自己选择,就像选择自己喜爱的艺术品。在为收藏家寻找心灵相通的艺术品的同时,我希望通过丹德力的平台,帮助艺术家发展自己的创作方向。"所以丹德力就像是一个土壤肥沃的花坛,有着这样一位美丽、优雅的女主人,她不断地将千奇百态的花儿带入自己的花坛中,同时积极地为花儿提供养分。其实对于 Kalley 而言,丹德力更像是一个大家庭,作为家长,她尽可能地为艺术家们提供平台和机会推广他们的作品,将他们的艺术作品带入人们的生活,同时,这个家门随时敞开,让生活富有艺术的气息。

案例 3 的丹德力艺术空间的女主人 Kalley,她并不是打造一个收费式展览空间或者是收费式平台,而是营造出一个激发艺术家创作灵感的艺术平台。Kalley 还计划把更多不同类型的艺术家、摄影家介绍给北京热爱艺术的朋友们,并且举办生活系列的讲座,让大家可以从身体到心灵都健康、快乐起来。她作为空间的主人尽己之力服务于艺术家们,为艺术家打造推广和传播自我艺术价值的平台,也是通过艺术家的不懈努力,丹德力艺术空间逐渐壮大,建立了自己的精英团队。

所以,作为艺术管理者需要积极支持艺术家,为艺术家搭建发展的平台,真正做到"尽己为人",用自己最大的努力帮助艺术工作者完成自我价值的实现。也只有通过艺术家的不懈努力，艺术组织才能更好地对外展现、推广。作为艺术领导者需要时刻以艺术家之心为己之心。艺术家所需要的东西，领导应尽力去提供，他们所厌恶和反对的，就需要集中精力解决矛盾。同时，赢得利益要共享，要重于身教，关爱下属。子张问于孔子曰："何如斯可以从政矣？"子曰："尊五美，屏四恶，斯可以从政矣。"❶孔子所表述的领导者需要具备的五美包括惠而不费，劳而不怨，欲而不贪，泰而不骄，威而不猛。广施恩惠的同时，又少花费对于艺术领导者而言是一种双赢的方式，能够从艺术工作者的角度出发为其谋利益，同时不花费太多财力、物力，能让艺术工作者积极投入工作中并非一件易事，作为称职的艺术领导者应该积极为艺术家谋福利，而不是将艺术家当作自身扬名、挣钱的工具。

四、表里如一，言行一致

"忠道"更要求人达到表里如一。艺术家感情丰富，注重情感。故艺术管理者要真诚相处，要少说多做，言而有信，言出必行。子曰："人而无信，不知其可也。

---

❶ 《论语·尧曰》。

大车无輗，小车无軏，其何以行之哉。"❶不论是作为管理者还是被管理者，信用总是第一位的。生活中最典型的故事"狼来了"，放羊的孩子以他人的信任为代价几番愚弄别人，最终却没有人再伸出援手，谁也不相信他，因此酿成大祸。言而有信之人懂得将他人的信任视为无价之宝，所以他们不会轻易损坏自己的信誉，更不会愚弄别人。不论是生活或者是工作，言而无信的人只会使人嗤之以鼻，即使是同情心和怜悯也早被他的谎话消磨殆尽。子曰："君子耻其言而过其行。"❷说得多做得少也是一种耻辱。当你为他人许下承诺时，就应当为自己的言语负责，说到做到才能赢得他人的尊重。言行一致才是对自己负责，对他人负责。战国时期，商鞅在施行变法之前心存疑虑，担心百姓不相信变法的真实性。于是，他在都城南门立起了高达3丈的木头，并张贴告示：谁能将其由南门扛至北城门便可获得赏金黄金十两。但收效甚微，百姓不知道此事之真伪。商鞅得知后将赏金提高至五十两黄金，终有壮汉将木头扛至北门。商鞅当即赐其黄金，百姓这才认识到商鞅是一位言而有

❶ 《论语·为政》。
❷ 《论语·宪问》。

信之人,对其所推行的变法命令也一一执行。❶真正做到凡出言,信为先。

因此,正如闻一多先生也说过的这样两句话:"人家说了再做,我是做了再说。""人家说了也不一定做,我是做了也不一定说。"言而有信是"忠道"的重要原则,诚信于自己,诚信于他人。言行一致,说到做到才能获得他人的尊敬和信任。表里如一更多的是内在修身的过程,这并非硬性的、外在的法律要求,而是做人的基本道德,忠诚于自己的良知和内心,由内到外,尽己及人。

在工作的过程中需要"忠"诚于职业。从内心需要知晓自己的岗位名分和工作职责,尽心尽责完成工作任务,只有这种状态下的工作才是忠于职守。工作者在成长中会寻找自己较喜爱的职业,也可能从事的是不喜欢的工作,无论人们所从事的工作有多少,困难有多严峻,但只要在这个岗位一天,就要表里如一地把工作做好,这是一个具有忠诚于本职工作德行的人。作为艺术管理者更需要言行一致,对艺术家的承诺要认真办理,尽快兑现。做事有始有终,以积极的热情、务实的态度,温和而有秩序地管理。既要成为艺术家的朋友又能保持适度距离,认真、严肃地尊重、保护艺术家的知识产权,

---

❶ 薛泽通:论语的智慧[M].北京:中国长安出版社2006:31。

使艺术家在既有相应的统一意志,又有个人心情舒畅的良好环境中完成艺术创造任务。

五、宽恕己心,宽以待人

对待他人宽容的前提是要本心的宽容,放下心中的一切怨念。在生活、工作中,人常常遇到不如意不顺心之事,难免会与同事、他人发生碰撞,产生不好的情绪,故人心常是烦恼心、怨恨心。古希腊曾有位勇士,急于赶路时见道路上有一个小袋子阻碍了他的路程。他原本可以选择轻易地绕过去,可是他急躁地选择踢开袋子。不料,袋子越踢越大,最终挡住了全部去路。原来,这个袋子叫作仇恨袋。你越踢它,仇恨也就越大。相反,如果选择不去管它绕道而行,它也就形同虚设了。所以,何不放下仇恨的包袱。古有蔺相如因多次为国争誉立功,被封为上卿,位于大将廉颇之上。廉颇很不服气,他对别人说蔺相如的坏话并想等到下次上朝治治他。这些话传到蔺相如耳里,他非但不生气,多次见到廉颇都躲着,以免造成不必要的麻烦。但蔺相如手下的人可看不顺眼了,蔺相如对他们说:"诸位请想一想,廉将军和秦王比,谁厉害?"他们说:"当然秦王厉害!"蔺相如说:"秦王我都不怕,会怕廉将军吗?大家知道,秦王不敢进攻我们赵国,就因为武有廉颇,文有蔺相如。如果我们俩闹不和，就会削弱赵国的力量，秦国必然乘机来打我们。我所以避着廉将军，为的是我们赵国啊！"话传到廉颇耳里，他进行了一番反思，终脱下战袍背上荆条，负荆请罪。而蔺相如热情相迎，用宽容之心演唱了一出人文教化的将相和。

艺术管理者要以宽恕的心面对富有个性的艺术工作者，宽恕的心、平静的心、无恼无怨的心才能由心而发，将心比心。"恕"，不正是"如心"，将自己的行为比他人，换位思考，方能除去私念，为他人思考，为他人着想。这既是一个优秀艺术管理工作者的内在道德品质，又是良好的艺术管理者的职业道德素养。

案例4：林怀民与何惠桢 ❶

年轻人爱玩爱闹，热爱生活，也爱云游四方。当然，对于云门舞团的年轻人而言也正是如此，对于舞团的排练经常能够编撰出各种莫名其妙的借口请假。何慧桢也是告假大部队的一员，直来直往的性格使得她的请假也变得理所当然，大呼一声："今天我不跳舞。"随后便扬长而去。她的性格就是如此，直来直往，个性十足。任何编导遇上这样的舞蹈演员都是需要足够的耐心和毅力，一步步地引导演员。林怀民正是如此，

---

❶ 参考：林怀民：云门舞集与我 [M]. 上海：文汇出版社，2002。

面对何惠桢这样心直口快、直来直往的性格，要求她瞬间从带有棱角的、带有爆发力的、带有腾跃的动作转换成圆融的、缓慢的、内在的动作时就显得心有余力不足。舞剧《秋思》的排练就是一个磨人的过程，整整一周的时间，林怀民面对着何惠桢，一点一点地进行引导。终了，何惠桢收起自己的个性，慢慢走进剧中，感受人物的心境。

对于何惠桢而言，转换角色不易，对于林怀民而言引导演员更不是件容易的事情。除了耐心，林怀民对于演员的关怀和爱加速了演员心态的转变。作为编导，他虽急于推进排练进度，但是更加注重演员个性的差异，尊重演员，用宽恕的心态面对演员的"叛逆"。❶

就像林怀民自己说的那样："云门的十几个舞者，性情各异，情绪的起伏也各有其节拍。他们有时情绪高涨，宣称世界上没有做不出来的动作，愿意一再尝试，反复排练。如果无精打采，不是拒绝合作，只是因为她不舒服或因发胖而闹情绪，或既发胖又伤风了。但是，在最好的情况下，她的脸上一片阳光，每个动作都令你目眩。舞者不是方块字，不能写了再涂，她需要关心。"❷林怀民时刻带着"恕"，提醒自己艺术家的不同个性，

---

❶ 林怀民：云门舞集与我[M].上海：文汇出版社2002。
❷ 林怀民：云门舞集与我[M].上海：文汇出版社2002。

第四章　忠恕思想与艺术管理

虽然舞者会有间歇性闹脾气的时候，但怀着"宽恕之心"的林怀民并没有选择对舞者发火，而是带着极大的耐心引导、帮助舞者。

在艺术机构中，艺术管理者面对众多强烈的个性色彩不能随便发脾气，要特别注意控制情绪，要善于"制怒"，时刻牢记"恕"而并非"怒"。"怒"，由奴、心组合一起，当人在发脾气的时候就成为脾气的奴隶，成为情绪的奴隶。在发怒时容易让人失去理智，自乱了阵脚。以怒制怒，以火制火，以硬碰硬，只能使矛盾更加激化，使事情产生更恶的后果。艺术管理者若能以冷静的心、宽恕的心去看待问题，以柔和的方法、理性的方式解决问题，方能以柔克刚，化对立为和谐。"制怒"会迎来另一种春暖花开的局面。三国时期，诸葛亮第七次兵出祁山，求战心情十分迫切，可是不论怎么挑战，司马懿就是按兵不动，诸葛亮便使出"致巾帼妇人之饰，以怒宣王"的办法，嘲笑司马懿不配做大丈夫，刺激司马懿出兵。如果此时动怒而草率行动则正中对方下怀。司马懿在关键时刻控制住了自己的情绪，完全掌控蜀魏战争的主动权，使神机妙算的诸葛孔明无可奈何，蜀军出祁山无功而返，宣告了蜀国从此走向衰落。

案例5：大师之战 ❶

公元 1499 年，列奥纳多·达·芬奇于米兰的天主教恩宠圣母的多明我会院食堂墙壁上绘成巨作《最后的晚餐》，第二年，他回到了他出生的地方——佛罗伦萨。在这里，他邂逅了小他 23 岁的米开朗基罗·博纳罗蒂。一场大师间的较量也由此拉开了帷幕。最为直接和激烈的一场"战役"当属于瓦萨里委托二位于佛罗伦萨维吉奥宫的市政会议大厅创作巨幅战役图。米开朗基罗负责卡西纳战役，达·芬奇负责昂加里战役。他们心里清楚，这次的正面较量尤为重要，各自对自己所负责的战役内容仔细琢磨研究。达·芬奇反复地琢磨昂加里战役的内容，考虑如何将作品画到淋漓尽致；此时的米开朗基罗看似思考着他的卡西纳战役，但是内心里盘算着如何才能战胜达·芬奇这位劲敌。达·芬奇创作的战役是"高潮"本身，米开朗基罗抓住的是"高潮"来临前刹那的准备挑战的激动，无处不展示出肌肉线条的魅力。

作为青年艺术家的米开朗基罗算是后生可畏了，虽然他和达·芬奇都在创作着同一个主题、题材的作品，但是他依然在作品中保留着自己的创作风格而非去模仿或者采纳他认为的对手的风格。他并没有模仿大师却处

---

❶ 蒋勋. 蒋勋破解米开朗基罗 .[M]. 北京：北京联合出版公司 .2015。

处和大师"对着干",并创建出属于自己的独特风格。作为前辈艺术家的达·芬奇无处不体现自己的宽容,尽管有些时候小他23岁的米开朗基罗会当众羞辱他或者是用不敬的语言和他对话,但是这为艺术家并未与他发生过任何正面肢体或者语言上的交锋,却只是优雅地向对手致敬,带着微笑转身离开。其实达·芬奇明白,作为后生的米开朗基罗虽然粗鲁、无理,只是因为他将自己作为对手而已。而对于米开朗基罗而言也确实如此,达·芬奇对于他是一个真正的对手,是一个值得自己去突破和超越的目标。他心里明白,他所超越的并非是列奥纳多·迪·皮耶罗·达·芬奇,他做的并非是对达·芬奇的临摹,而是在"巨人"的肩上,对自我的一种突破和提高!

达·芬奇更是值得尊敬,面对小自己23岁的米开朗基罗的不敬还能一笑而过,这正是"恕"的表现。面对米开朗基罗的讽刺、嘲笑的恶性竞争时依旧能够优雅地向他致敬,默默转身离开,坚持自我内心的原则,并且站在了历史发展的视角,感受后生可畏的趋势。

在艺术组织内部避免不了竞争的存在,艺术家本能地会对自我价值的实现投入全部心血。此时,作为艺术管理者需要与艺术家进行沟通,运用恰当的方式让竞争合理存在,让双方艺术家能够在竞争环境中良性发展,而不是愈演愈烈，最终导致一发不可收拾的局面。艺术组织外部即不同的艺术组织之间也存在着激烈的竞争，在面对外部竞争时更需要借势达到双方的优势共同发展，更需要"将心比心"，更需要"己所不欲勿施于人"地进行良性竞争。艺术的繁荣与发展更需要"共赢"，更需要和谐共生，一花独放难成春，百花齐放春满园。

小结

忠恕理念是儒家之道，也是中国管理哲学中正确认识、处理管理主体（管理者）与管理客体（被管理者）间关系的核心思想。恕是最基本的原则，忠是至高的境界。例如管理的两条平行线，一条是道德底线，一旦行为越过了道德底线，就丧失了一个管理者最起码的人格；另一条线则是道德的理想境界，如果管理者实现了这一理想境界，就会成为一位充满人格魅力，使广大员工心悦诚服的优秀管理者。他所领导的对象不只是下属，更多的是心神相交的朋友。这样团队就会有坚定的凝聚力和强大的战斗力！

艺术组织的管理中需要恕，更需要忠。艺术管理者要鼓励艺术家在艺术竞争中充分张扬艺术个性，充分发挥自己的艺术天分，但要以不损害其他艺术家的艺术作品及人格为基本原则，艺术竞争、艺术的百花齐放、百家争鸣要在公平、公正、和谐的环境下充分展开。作为一个有着高尚人格的艺术家，在艺术光环、在功成名就下，应有忠道之更高的作为，以其达到的艺术成就主动与他人分享，一花独放不是春，舞台艺术是综合性艺术，主角配角都绽放光彩，才能百花齐放春满戏苑。成功的艺术家要关心、传授、培养后辈艺术人才，这样才能使我国民族艺术一代更胜一代，辈辈繁荣发展。

第五章　中庸思想与艺术管理

在儒家思想中，"为人处世"的最高标准或至高的思维方法是"中庸"之道。乃是中华文化中重大创造和独特魅力，是中华文化之大智慧。孔子曰："中庸之为德也，其至矣乎！民鲜久矣。"❶孔子认为中庸乃至高无上的道德法则，民众缺少中庸之德很久了。毛泽东主席曾说，中庸之道是孔子的重大发现，我们应该好好地研究它。

正因中庸之道乃是中国文化中的思维方式和行为方法，是至高的道德法则，是中华传统文化之瑰宝，人们在实际社会生活中能够践行是很不易的。故伟人毛泽东不仅高度赞赏，而且提倡好好地研究。孔子本人也多次感叹其行之不易。子曰："天下国家可均也，爵禄可辞也；白刃可蹈也；中庸不可能也。"❷孔子认为，天下国家可以平治，高官厚禄可以不要，白光的刀刃也可以踏上去，但是中庸是不可能完全做到的。

---

❶　《论语·雍也》。
❷　《中庸·九章》。

第一节　中庸思想的含义

子贡问："师与商也孰贤？"子曰："师也过，商也不及。"曰："然则师愈与？"子曰："过犹不及。"❶ 在这段话中，虽然没有直接写出中庸二字，但"过犹不及"四个字却一语道出了中庸之道的重要内涵。中庸之道反对"过"和"不及"。"过"即是过火，不加以限制会走入极端；"不及"指还未达到、欠火候，需要推进一下方能达到一定的度。凡事凡物都要讲求一个"度"，超过了这个度和达不到都是背离了中庸之道，这是要求人们为人行事要恰如其分，不走极端，倡导适度原则。在处理问题时也要不偏不倚，正中目标，拿捏最佳的"度"或掌握好"火候"；为人接物在不偏激、不拘泥、不片面、不矫枉过正、遵守原则、尊重事实的基础上又灵活多变，寻求的是一种适中、平衡状态。

一、不偏之谓中，不易之谓庸

"中庸"一词最早由孔子提出，并出现于《论语·雍也》篇，子曰："中庸之为德也，其至矣乎！民鲜久矣。"

---

❶ 《论语·先进》。

孔子是说，中庸作为一种道德规范，该是最高的了，大家已经是长久地缺乏它了。虽然中庸之道的含义不难懂，但要真正理解透彻并付诸行动并不易，因此孔子将它看作是道德标准的制高点。"中庸"绝不是折中主义，也不是数理逻辑中的二分之一、对半分的概念，更不是雨露均沾的"老好人"。中庸追求一种平衡的适度状态，"过"和"不及"都会打破这个状态，而想要找到平衡点难就难在事物是不断地发展和变化的，既要在时间上保证和谐发展，还要寻求空间格局的稳定。

《论语·乡党》篇中，子曰："肉虽多，不使胜食气。唯酒无量，不及乱。……不撤姜食，不多食。"意思是说，席上的肉虽然多，吃它不应超过主食。只有酒不限量，却不至醉。姜不撤除，但吃得不多。从营养均衡层面考虑，要荤素搭配，但是肉的摄入也不能超量；喝酒也是根据需要控制量；生姜有益于养生，但也不可多吃。孔子从饮食方面也主张要适量、适度，可见孔子把中庸思想运用在了生活的方方面面。

北宋理学家程颐对于中庸之道解释为："不偏之谓中，不易之谓庸"，意思是不偏不倚是中，不改变叫作庸。朱熹解释为："中者，不偏不倚、无过不及之名。庸，平常也。"杨伯峻先生在《论语译注》中把"中"解释为无过，也无不及，调和；"庸"意为平常。"庸"

最早见于《周易·乾卦》的"庸言之信,庸行之谨",是平常、日常的意思,在《说文解字》中记有:"庸,用也。"孔子首次将两个字拈在一起。

在中国现代哲学家中,冯友兰先生曾在晚年以"阐旧邦以辅新命,极高明而道中庸"这副对联自勉,对联的后半句是老先生所希望达到的精神境界,他不仅推崇儒家的中庸思想,也将其视为最高的精神境界。他把中庸思想解释为两层含义,一是肯定事物的变化超过一定的限度就要转向其反面;二是要求坚守这个限度,以免转向反面。坚守中庸之道就能很好地去守住这个限度,把事物发展稳定在最佳状态,从而防止事物向不好的方向发展。

中国的古代学者们对"中庸"的解释并不完全统一,但可以推测出"庸"的含义取作"用"讲,也可以理解为常规、常道、平常之意;"中"是"中庸"的核心,"中"代表了中正之意,不偏不倚,并非是一分为二、各占50%。对于"中"论,在甲骨文中的写法是: ,两端各有一面旗帜,表示两军对峙,中部有个调节平衡机件或为双手。这个机件可能是调节平衡作用的,也有解释为表示两军之间不偏不倚的地带[1]。还有的学者推

---

[1] 中国社会科学院考古研究所:甲骨文编[M].北京中华书局出版社 1965:38.

断由太极图演化而来,"丨"的两边分别是阴和阳,更有学者认为,"中"字起源于古人对于太阳的认知,取象于太阳神中午时分公正直照、不偏不倚的特征❶。无论是从字形演变而来的图形还是方位、地理的认知,"中"的思想包含着正、适中、合理、恰到好处的意思。

古人善用"推天道以明人事"的思维方式总结事物发展的普遍规律,再"嫁接"到治理国家当中。最早以"中道"治国的是帝喾,司马迁在《史记》中记载了:"帝喾溉执中而遍天下,日月所照,风雨所至,莫不从服。"尧舜禹的禅让也遵循了"人心惟危,道心惟微;惟精惟一,允执厥中"这十六字心法❷。从上古流传下来的治国方针中都凸显了"执中"的重要性,作为首领要做到言行的不偏不倚,要符合中正之道,才能使天下子民归顺。在《论语·尧曰》开篇就记述了,尧曰:"咨!尔舜!天之历数在尔躬,允执其中。四海困穷,天禄永终。"尧在让位给舜的时候说了这样的一段话,要求舜"允执其中",始终坚守中道,并福泽百姓。孔子把我国原始社会氏族联盟的首领舜尊称为圣人,舜之所以被列为中国上古的"五帝"之一,除了好问而好察迩言、隐恶而扬善的优秀品质,孔子还总结出一条原因——"执

---

❶ 江林昌:清华《保训》篇"中"的观念,光明日报,2009年8月3日。

❷ 《尚书·虞书·大禹谟》。

其两端，用其中于民"，意思是舜可以把握事物的始终以及事物的正反两面，把中庸之道用于民众。

　　孔子尚中且初次提出"中庸"，这一思想来源于《易经》。《史记·孔子世家》记载：孔子晚而喜《易》，序《彖》《系》《象》《说卦》《文言》。读《易》，韦编三绝。曰："假我数年，若是，我于《易》则彬彬矣。"《周易乾凿度》亦谓"垂黄策者羲，益卦演德者文，成命者孔也"。而"中和"思想是易经中极为重要的思想，不仅是处理人与人、人与自然、人与社会之间的基本准则，也是中华民族、古代圣贤孜孜追求的一种理想境界。《礼记·中庸》曰："中也者，天下之大本也。和也者，天下之达道也。致中和，天地位焉，万物育焉。""中"这种美好气质是天下的大本、根本，"和"这种美好人格是天下的大道，达到"中和"，天地会正位、定位，万物就会蓬勃生长了。

　　《易经》非常重视"中位"，在六四卦中，对于每一挂爻位而言，有当位与不当位，当位是指阳爻处在阳位上，阴爻处在阴位上，不当位则反之。当位代表吉祥，不当位则代表了凶、祸。所谓"中位"，在每卦六爻当中，下卦的二爻和上挂的五爻就被称为中位，也就是吉利之爻。而"居中"比"当位"更重要，即是说如果不当位但只要是居中，一般来说还是吉祥的。

第五章 中庸思想与艺术管理

庸之释义，一是用，所谓中庸也是中用。二是常，即常规，常态，经常。《说文解字》说："庸，用也。"《辞海》说："不偏叫中，不变叫庸。"程子曰："不偏之谓中，不易之谓庸。中者，天下之正道；庸者，天下之定理。"程子说得非常精辟，庸即是常或称作恒，是"不易之理"，也即要守衡。

中庸即长期持久地用中，在实践中无过无不及地恰到好处地处理好人与事，使事物保持和谐、平衡的状态。恰到好处之谓中，持久不易之谓庸。

中庸之道既是儒家至高道德和行为规范，也是至深而精妙的思维方法，其高如大山，其深如瀚海，乃人类文化中精妙绝伦的稀世珍宝，也是人们生活和社会发展的理想之道，一般人是难以完全实现的，但正因其是人类健康发展的大道，故在人们的生活中自然地被人们共同尊奉着、践行着。如："吃饭是为了身体健康。"既不能吃得太饱，也不能吃得太少。太饱营养过了，太少营养不良，吃七八分饱可能恰到好处。穿衣不能太大也不能太小，不能肥也不能瘦，叫合体；据天气变化穿衣不多不少，冷热适宜，叫合时；人能调控情感，既不大喜又不大悲，叫合情；烹调不生不老、不咸不淡、鲜美味香，叫合口；孝父母、爱儿女，为合家；敬上级护下级为合群；工作积极又稳妥，居功而不骄，受挫而不馁，为适当。

你与家人中庸相处，家人就能和睦幸福；你与朋友中庸相处，处处都有益友（论语说："见贤思齐焉，见不贤而内自省也"。）；你与上级领导和下级中庸相处，周围环境会和和美美；你工作既到位，又留有余地，你就成为受众人拥护的优秀人才。中庸之理长存心中，久之会进入至高精神境界，像孔子所说的"知天命""耳顺""随心所欲而不逾矩"。

二、适度适时，适变适中

冯友兰先生将中庸解释为恰当的时间、恰当的地位、恰当的限度。应是适时、适地、适度。不论做任何事情都要三思而后行，要认真思考找到"合适"之所在，或"合适"在当下是怎样的。因事物是不断发展变化的，这个"合适"必须要具体情况作具体的分析判断，一切都要以不同的时间、地点以及事情的具体情况作为出发点，故难以对"合适"规定一基本框架。但中庸可以把握一个基本的思路和方法。

做好任何事情的基本原则是无过而不及，要把握好这个"度"的要求。为人做事要做到位，又不能做得过头，即不能把事做得过满，事情过满了，就要外溢，物极必反，阳极生阴，阴极生阳。《周易》多个卦讲到此

第五章 中庸思想与艺术管理

关系，如乾卦之"九五"爻"飞龙在天，利见大人"，大人能够成就至德并建立伟业是很好的，若在此形势下，知进而不知退，知得而不知失，盲目自满强进到上九爻，则是"亢龙有悔"。高处不胜寒是要跌跤的，故我们做事一定要留有余地，不能将事做过、做绝。地位尊贵，有大本事，也要给别人留口饭吃，不能把所有好处都抓到自己手里，做绝了，自己就走到尽头了。但也不可不敢做事，机遇来了犹豫不决而失去，机不可失，失不再来。不积极主动进取，不努力建功立业，会处于消极被动状态，阴太盛而缺阳刚强健之气。做人当自强不息，不及是阴太盛了，阴阳处于不平衡状态。老子曾说："治大国，若烹小鲜"，是对中庸方法论的形象比喻。当领导人责任重大，要懂得举重若轻，要抓住最根本和最重点问题，以四两拨千斤。次之要掌握火候，火太大就糊了，火小会不熟。再之烹小鲜不宜来回翻动，折腾多就烂了，领导者对重大问题要思考成熟，不能今天一个主意，明天又一个办法，变化太多使人无所适从。

要把握"时"的变化，做事一定要把握住时机，认准具体环节所出现的状况。仲尼曰："君子之中庸也君子而时中。"在孔子所作《易传》中，"时"是非常重要的概念，如："终日乾乾，与时偕行。"❶"含章可

---

❶ 《乾·文言》。

贞，以时发也。"❶ "艮，止也。时止则止，时行则行。动静不失其时，其道光明。"❷ "天地革而四时成。汤武革命，顺乎天而应乎人。"❸

时机，也常常被人们称为"时运"，这个时机或时运，即你想做成的事情或你心中的理想是否和当下的环境（大势）要求契合。如姜子牙70岁仍坐在河边垂钓的原因是等待明主出现。列宁领导的苏维埃武装暴动，以大城市为中心举行工人阶级武装革命，一举成功，这是苏联当时的环境（阶级状况）决定的。而毛泽东领导的中国革命，必须建立农村革命根据地，以农村包围城市来取得最后胜利，是中国的具体环境决定的。茅台酒离不开茅台镇的井水，龙井茶也要生长于江西龙井泉水周围。什么时间、环境条件会发生什么样的结果，这就是时机、时运，看你是否有准备、有眼力、有条件掌握住时机。

时机是客观的，但对掌握时机的人来说是主动的，是要有准备的，是有能力要求的。如姜太公垂钓待明主，姜太公本身必须是个大才、贤才；刘备三顾茅庐对诸葛亮发挥才干是时机、时运，但诸葛亮必须是一个政治家、

---

❶ 《坤·象》。
❷ 《艮·象》。
❸ 《革·象》。

军事家。时机或时运的把握一定是人的主观努力与时机的来临相契合,绝非单方面的行为。中国改革开放30年,市场经济提供了许多机遇,造就大批成功人士,也有不少入狱者、跳楼者、失败者。

要懂得在坚持基本原则下的"权变"方法。权变方法是要求人们要懂得世界事物千变万化的复杂性,重要问题的解决不是一个原则或某单一规定所能包含和规范的,必须依据具体地点、时间的特殊因素,要注意超出一般原则之外的特殊情况。可能要超越一般而从个别实际情况出发,做出最恰当的解决。孟子曾举例说:"淳于髡曰:'男女授受不亲,礼与?'孟子曰:'礼也。'曰:'嫂溺,则援之以手乎?'曰:'嫂溺不援,是豺狼也。男女授受不亲,礼也;嫂溺援之以手者,权也。'曰:'今天下溺矣,夫子之不援,何也?'曰:'天下溺,援之以道;嫂溺,援之以手。子欲手援天下乎?'"❶

淳曾在齐为官,他说:"男女间不亲手递接东西,这是礼制吗?"孟子说:"是礼制。"淳说:"嫂嫂掉到水里了,用手拉她吗?"孟子说:"嫂嫂掉水里不拉她,是豺狼。男女间不亲手接递东西是礼制。嫂嫂掉到水里,用手将她拉起来,是变通的办法。"淳说:"当

---

❶ 《孟子·离娄上》。

今天下已掉到水里了,先生不拉一把,为什么呢?"孟子说:"天下掉到水里,要用道理(或宏道)去救援,嫂嫂掉到水里,是用手去救援。你难道要用手去救天下吗?"

战争的基本原则是守卫国土,但在敌强我弱的情况下要懂得权变。毛泽东在革命战争中提出的诱敌深入,在运动中消灭敌人的有生力量,有进有退,打得赢就打,打不赢就走等策略,就是机动灵活的战略战术,是以消灭敌人为目的的权变之术。

扣其两端而执中。子曰:"吾有知乎哉?无知也。有鄙夫问于我,空空如也。我叩其两端而竭焉。"❶孔子说:"我有知识吗?没有噢。有一个乡下的人问我问题,我什么都不知道,就这个问题的头尾、本末,正反面都进行详细盘问,终于得到结果。"

从孔子说的可以得到的启迪是,孔子一生勤奋学习,但并不是只装了满脑子的知识,孔子自谦地说自己无知,但学到的是方法论和文化精神。当一个乡下人诚恳地问了孔子问题,从知识角度看,孔子并不了解(一个人不可能了解所有行业的知识),但他使用了正确的方法,了解事情两端,即其开头和结尾,正面的状况、反面的状况,原本的状况,外来的情况等,他自然从中把握住

---

❶ 《论语·子罕》。

正确的、合适的结果。也就是说，我们在对事物做出适度解决之前，一定要了解清楚事物的全貌，认识事物的整体状况，要通过全局去把握当下的某一焦点，一个关键部分。这是扣其两端而执中，是从整体观察中找到的最合适、最恰当的方案，而非从两端找到中间的某个点。

第二节　中庸思想的管理价值

"中庸"思想不仅是建立在儒家人性论基础上的一种伦理道德观，也是儒家思想的方法论，是一种为人处世的标准，也是一种高深的思想境界，其中蕴含了丰富的管理思想。艺术管理是管理学的一个分支，想要参透艺术管理的精髓与智慧，可以先研究一般管理学领域，在这基础上再分析哪些可用到艺术管理中。也就是说在研究管理层面，既不能只研究一般或是普遍领域，也不能针对个案就做出总结性结论，偏向于哪一种都没有贯彻中庸之道，要在遵循普遍原理的基础上，结合艺术管理所涉及的具体实际，坚持一切从实际出发。管理不仅是操作手段技术层面的问题，更重要的是会涉及文化、价值观念、心理等领域，美国著名管理学家彼德·圣吉曾对我国的传统文化如此评价："你们（中国）的传统文化中，仍然保留了那些以生命一体的观念来了解万事万物运行的法则，以及对于奥秘的宇宙万物本原所体悟出极高明、精微和深广的古老智慧结晶。"[1]正是基于东西方不同的文化才产生了管理上的差异，我们更要认

---

[1] 彼德·圣吉：《第五项修炼——学习型组织的艺术和实务》序言。

真学习汲取中国优秀传统文化中的伟大精神,将其艺术与管理实践相结合,在传承中学习运用,在实践中传承发展。

一、"无过无不及",适度管理

毛泽东对"过犹不及"给予了高度肯定,看作是一种重要的思想方法。他把"过"和"不及"视为两条战线斗争的方法,无论是哲学层面、思想观念,还是人们的日常生活都要围绕这两条战线做斗争。❶"过犹不及"作为思想方法论,实质上也揭示了事物发展过程中量和质的辩证关系,在革命的统一战线中,双方既有矛盾性、斗争性,又有统一性和相对稳定性,在统一战线的斗争中必须坚持"过犹不及"的思想方法,才能既坚持了革命根本原则,又能斗而不破,团结一切可以团结的力量,壮大自己,最大限度孤立和打击了敌人。

在《荀子·宥坐》篇第二十八篇记载了这样一个故事:

孔子观于鲁桓公之庙,有欹器焉,孔子问于守庙者曰:"此为何器?"守庙者曰:"此盖为宥坐之器。"孔子曰:"吾闻宥坐之器者,虚则欹,中则正,满则覆。"孔子顾谓弟子曰:"注水焉。"弟子挹水而注之。中而正,满而覆,虚而欹,孔子喟然而叹曰:"吁!恶有满

---

❶ 毛泽东:毛泽东书信选集[M].北京:人民出版社,1983。

而不覆者哉!"

故事说的是,有一次,孔子在鲁桓公的庙里参观,看到有一只倾斜的器皿在那里。孔子问守庙的人说:"这是什么器皿?"守庙的人说:"这大概是君主放在座位右边来警戒自己的器皿。"孔子说:"我听说君主座位右边的器皿,空着就会倾斜,灌入一半水就会端正,灌满水就会翻倒。"孔子回头对学生说:"向里面灌水吧!"学生舀了水去灌它。灌了一半就端正了,灌满后就翻倒了,空了就倾斜着。孔子感慨地叹息说:"唉!哪有满了不翻倒的呢?"这个故事给我们的启示是,很多事情就像是这个器皿宥,处理的方式有空着、灌入适量的水和灌满水三种,空着和灌满达到的效果都是一样的,即过犹不及。事情做得过头,就跟做得不够一样,都是不合适的。而要让宥保持一定的平衡就要倒入适量的水,然而这里的"中则正"的"中",并非就是一半的意思,要倒入多少量的水能使之平衡那要根据宥的实际大小决定,这也是要求人们在做事时要根据实际情况而定。

无论是企业中的管理、艺术组织中的管理,还是国家管理都要遵循符合实际情况(适当)管理原则,对此,老子曾提出了"治大国,若烹小鲜"的治国理念。治理国家,如同煎小鱼,除了油盐酱醋、火候要恰到好处,还不可扰,扰之则鱼烂。唐玄宗借用这一思想提出:"烹小鲜者,不可挠,治大国者不可烦,烦则伤人,挠则鱼烂矣。此喻说也。小鲜,小鱼也,言烹小鲜不可挠,挠则鱼溃,喻理大国者,不可烦,烦则人乱,皆须用道,所以成功尔。"治理国家重在管理人民百姓,在艺术组织中同样如此,管理最难的在于管理的对象是人,要把握好对员工管理的分寸,要懂得"烦则伤人",管理过头就会成为管教,并且会束缚员工的做事效率。

中庸思想倡导适度原则,在企业管理中,中国香港首富李嘉诚先生把"过犹不及"看作是儒家的重要精神、思想,他曾说过度地扩张容易出毛病,而过度地保守就不容易跟别人竞争。任何企业、行业过度扩张不是明智的选择,应该知道什么时候适可而止、什么时候是扩张的最佳时机。除了企业之间的竞争以及在市场中的扩张要适度外,对于员工的管理也应遵守适度原则。艺术组织或机构与一般企业管理不同之处在于艺术管理者的职责是协助艺术家达到艺术使命和目标,而艺术家们的主要工作性质为艺术作品的创作,创作需要灵感,而灵感来源需要的正是自由的空间,并不是被管理中的条条框框所限制。艺术家与其他企业员工的差异来自他们多是带有极强个性的人,他们大多坚守自己的艺术理念和想法,有的甚至自成一派。艺术管理工作人员,尤其是主创团队的人员,就不可以套用死板固定的管理模式,固定每天早上八点上班、下午五点下班的方式是不适用他们的。因此，在艺术管理这个领域，个性不同的艺术家们使人们的精神生活变得有声有色，但同时也增加了艺术管理者的难度。艺术的本质在于求新、求变，作为艺术管理者既要关注艺术的创新发展，也要稳定组织内部的结构，还要处理好人事关系的矛盾，既要保存艺术家们独特的艺术观点、思维、视角，也要维持好他们之间的融洽关系，在这之间努力寻求一个平衡点。

案例1："一臂之距"的文化管理原则[1]

"一臂之距"（Arm's Length Principle）最初意思是指在队伍中前后人保持一臂的距离。如图所示英国将其运用到国家文化管理体系中，为了让英国政府文化主管部门与文化组织、协会之间保持"一臂之距"，一个类似"中介"的非政府公共文化机构应运而生。英国文化政策的制定、财政拨款事宜由英国中央政府文化主管部门负责，具体涉及的管理事务交由非政府公共文化机构执行。

---

[1] 参考：路晓溪：英国文化管理机制："一臂之距"[J]. 山东图书馆学刊，2012（6）。

第五章 中庸思想与艺术管理

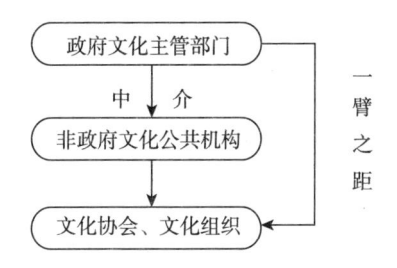

图 1 英国文化管理"一臂之距"示意

"一臂之距"的文化管理模式被愈来愈多的国家采用，其发挥的作用和优势在于，一是独立于政府之外的"中介"机构的设立，可帮助政府"分忧解难"，减少政府的行政事务，让文艺界的专家来负责具体事务的管理，其实就是帮助政府实现了对文艺界的更科学、更宏观的管理，并实现政府职能转变与"管办分离"的目标；二是减少政府对文化和艺术过多的干预，可以为文化艺术的发展创造更为自由的氛围和环境，鼓励艺术突破枷锁，提高原创性作品的产量，从根本上有利于实现文化艺术的繁荣。三是把"中介"机构置于政府与文化艺术组织/团体之间，可预防政府对文化艺术领域的过分监督，从而有效避免权力滥用、腐败现象的发生。

国家政府在对文化艺术事业的管理模式上，既不能不管，又不能管得太多，管得多会限制文艺的创作；而放任不管，文艺的发展又失去宏观改革导向及国家的资助，也会在一定程度上阻碍其健康发展。所以说，英国的"一臂之距"管理原则正如儒家的中庸之道，渗透出了"无过无不及"的思想方法，在国家对文化艺术拨款的间接管理上发挥了积极的调和、平衡作用，使政府职能的完善和文艺自身活力的发展达到了"双赢"的效果，因此"一臂之距"也被英国政府视为管理公共文化的法宝。

二、"君子时中"，权变管理

"权"字本指秤锤（秤砣），有权宜、变通的意思，《论语·子罕》篇，子曰："可与共学，未可与适道；可与适道，未可与立；可与立，未可与权。"即可以共同学习，但他未必能学到"道"，可以共同学到"道"，但他未必能信守"道"，可以共同信守"道"，但未必能灵活运用"道"。对"道"能够灵活把握，运用自如，才是做到了通权达变。孔子主张根据具体的对象和条件做出相应的决策和决定，极力反对对任何事物套用同一个模式。做事、做人都要懂得权变，既要有原则性，又要有灵活性，即对于为人处世的基本原则必须要坚守，否则会迷失方向，失去了理性原则会丢弃了道。但在实践原则的方法上要有灵活性，要从实际出发，从具体时间、地点、条件出发，不断变化新的方法、途径以适应新情况。"中庸"作为一种方法论是要灵活运用的，对待不同的事所用的方法并不是一成不变的。冯友兰先生把"中和"解释为恰当的时间、恰当的地位和恰当的限度,具体情况要具体分析,再做判断,事要做又要留有余地,不要做太满,达到一定程度要止。

在《论语·雍也》里记述了这样的一个故事:

子华使于齐,冉子为其母请粟。子曰:"与之釜。"请益。曰:"与之庾。"冉子与之粟五秉。子曰:"赤之适齐也,乘肥马,衣轻裘。吾闻之也:君子周急不济富。"

意思是说,孔子的学生公西华被派到齐国去做使者,冉有替他母亲向孔子请求小米。孔子道:"给他六斗四升。"冉有请求增加。孔子道:"再给他二斗四升。"冉有却给了他八十石。孔子道:"公西华到齐国去,坐着由肥马驾的车辆,穿着又轻又暖的皮袍。我听说过:君子只是雪里送炭,不去锦上添花。"

原思为之宰,与之粟九百,辞。子曰:"毋!以与尔邻里乡党乎!"❶原思任孔子家的总管,孔子给他小米九百,他不肯接受。孔子道:"别辞!有多的,给你地方上的穷人吧!"孔子对待自己的学生子华和原思,却给了不同数量的小米,在这里,孔子心怀仁爱,关怀普通百姓,秉持"周急不济富"的原则进行了灵活性处

---

❶ 《论语·雍也》。

理,尽己之力帮助需要帮助的民众。

孔子还说过:"君子中庸,小人反中庸。君子之中庸也,君子而时中;小人之中庸也,小人而无忌惮也。"❶朱熹评论道:"君子之所以为中庸者,以其有君子之德,而又能随时以处中也。"说的就是君子不仅遵守中庸之道,还时时刻刻把握中庸之道。事物是不断发展和变化的,此时与彼时就已经发生了改变,所以君子实行中庸之道切不可固定不变地用同一种方法或是标准进行处理和衡量。有人把中庸之道比作是秤砣上的砝码,随着称重的货物的增减变化,砝码需要不断调整自己在秤杆上的位置,以不断调整变化找到合适的度才求得平衡。我们切忌犯了刻舟求剑的毛病,要关注的不是砝码,是能达到平衡的适当刻度,是要学习达到理想状态的方法。但要知道的是,平衡是暂时的,要不断求得平衡发展,就需要"君子而时中"的态度,将中庸之道视为终身学习和追随的方法之道。

在儒家看来"子绝四——毋意,毋必,毋固,毋我。"❷意思是孔子一点儿也没有四种毛病——不悬空揣测,不绝对肯定,不拘泥固执,不唯我独是,从侧面来看也是在说孔子懂得如何通权达变。子曰:"君子之于天下也,

---

❶ 《中庸》。

❷ 《论语·子罕》。

第五章 中庸思想与艺术管理

无适也,无莫也,义之与比。"[1]孔子说:"君子对于天下的事情,没规定要怎样干,也没规定不要怎样干,只要怎样干合理恰当,便怎样干。"在管理学中,管理工作包括五种功能:计划、组织、领导、控制和解决困难。在五项功能中处于首位的是计划,凡事都要提前做好计划,管理者要有预测的能力。计划决定了应当"做什么",管理者为最高层次领导要具有策略思维的战略管理能力,能够顺应时代和社会环境的变化,及时制定和调整艺术组织或机构内部的经营策略方针,在坚持大的原则条件下懂得权变,考虑到事物的内部因素和外部条件,知进也要知退,一切从实际出发,才能把握正确处理事物的度,要因时、因地、因事、因势、因人制宜来综合考量,力求恰如其分,恰到好处,发挥主观能动性,使团队处于一个相对和谐、平和适中的状态。

艺术管理者居于艺术团体中的领导地位,要具有灵活通达的领导风格,根据实际情况有所改变和调整,这也属于权变理论的一种。对于谦卑恭逊、有清晰规划和组织能力的艺术家容易相处,在交流沟通方面也为管理者省去了不少的麻烦;但也常有个性很强的艺术家,态度略有清高傲慢,坚持己见而自以为是,视管理为约束,艺术管理者在接触这类人员时就需要发挥权变思维的能

---

[1] 《论语·里仁》。

力，摸清对方的工作方式和创作习性，在与其沟通的过程中先要给予赞赏、尊重其艺术成就，更要有足够的敏感度和细心程度，从生活层面多关心他们，先与之成为朋友，获得彼此的信任，总之要以心交、情交为先。

案例2：大提琴的陪座[1]

艺术管理专业带头人郑新文先生在策划香港艺术节节目时邀请了一位国际知名的大提琴家前来，按照规定，除了为该艺术家提供商务舱位外，还要给他的大提琴配一个座位。一般情况下，大提琴家都会把爱琴放置在自己的身边，这时候问题来了，如果要满足艺术家的要求就必须给大提琴也买一个商务舱位，但这确实超出了预算范围。最后经过协商决定，由一位大提琴家信赖的人士"陪伴"他的大提琴乘坐经济舱位，这样的安排大大减低了原来的经济开支，并顺利解决了问题。

这个小案例说明，艺术管理者在实际操作层面会面临许多突发情况，这时候要灵活多变地去处理问题，"不唯上，不唯书，只唯实"，如何满足大提琴家的要求，还要考虑预算支出情况，这个"度"是个慢慢积累经验的过程，对待不同的问题所用方法也不尽相同。

---

[1] 参考：郑新文.艺术管理概论[M].上海：上海音乐出版社，2009：99.

郑新文先生将艺术管理人员的职责定义为：通过艺术管理技能，以最符合经济效益的方法实现艺术家或艺术团体的艺术目标。艺术管理的日常工作被形容为"替艺术活动缔造最理想的环境"❶。这个最理想的环境包括了财政、设施和人力三个方面，艺术管理者会参与到艺术活动的方方面面，也需要平衡各种利益关系。如上述的案例，郑新文先生就是在平衡艺术家的需求和财政预算方面的关系，既要尽力为艺术提供一个最舒适的环境和最贴心的服务，同时还要兼顾收支平衡和控制支出、控制成本等情况。艺术和管理之间似乎是一对"冤家"，艺术鼓励创新、重视即兴发挥；管理注重法则、规范和制度。很多时候，艺术管理者为了艺术家的创意不断打破原先设立的制度，又要重新建立新的制度。如何化解这对"冤家"的矛盾给了艺术管理者极大的挑战，需要管理者以丰富的实战经验、权变的思维方式以及实事求是的态度去应对。

三、"叩其两端"，整体管理

子曰："吾有知乎哉？无知也。有鄙夫问于我，空空如也。我叩其两端而竭焉。"❷孔子说："我有知识吗？

---

❶ 郑新文：艺术管理概论［M］.上海：上海音乐出版社，2009：99。
❷ 《论语·子罕》。

没有哩。有一个庄稼汉问我，我本是一点也不知道的。我从他那个问题的首尾两头去盘问，弄清楚了事情的起始原因和结果的整体过程，问题就明白了。"从这段话中可以理解到，孔子在对待问题时要经过不断的研究和分析，把问题的正反、始终、上下、方方面面都考虑、分析到，通过广泛了解和询问，加上自己的思考才能有所启发和收获。"叩其两端"并不是要找到中间点，不能简单地用折中的狭隘视野看待问题，要强调综合、注重整体观念，不可局限于某一方面，如果仅通过个别案例分析就贸然得出的规律是不可靠、不谨慎的。艺术组织在运营和发展时，也不能只考虑自身的处境问题，还要结合大的社会背景，如政治因素、法律因素等，以及考虑自身与市场的关系。

　　这正如《易经》阴阳观所带来的启示，看待事物要考虑到问题的两面性，要在不同的时期看清矛盾的主要方面是什么，问题的两面是有差异的，这个差异往往指的是质的不同，这要求人们要全面看待问题，增强事物未来发展的预见性，把握主动性，减少被动性，增强心理预期。因此，管理者和决策者在目标、战略的设定上也要做到尽其善、尽其美，权衡利弊。每个人各尽其能，按劳分配，按需分配。具体做法上，实际操作过程中要留有余地，任何事物都有两面性、有利弊。作为艺术管理者要有全局观念，善于从整体出发，同时认清作为一名管理者在全局中处于何种地位，应该发挥怎样的作用，有效组织团队进行各项工作，激发团队最大的能量。只有掌握整体规划和具有大格局眼光才能掌控事态的发展，了解目前工作与原计划的差距，并及时做出调整，对于始料未及的突发事件也要做好心理准备和应急方案。

艺术管理与企业管理有类似之处，也存在着很多差异。艺术因其本身的特殊性，它的生产过程主要是创新，而不是工厂生产中的流水作业，两者最大的不同在于最终的产品，艺术生产最后呈现的是精神产品和演出活动。作为艺术组织或机构，不可一味追求经济效益，还要重视社会效益、艺术作品的内涵、观众反馈等问题。对于营利性艺术组织或机构来说，不可盲目追求艺术作品的销量，而是要关注作品的内涵和制作的质量。而对于非营利艺术机构，艺术使命和社会使命是这类组织首要遵循的，一方面要考虑艺术家的创作意愿，另一方面还要关照观众的审美需求。如何在两方面找到平衡就如同想要达到中庸一样，很难有一个统一、固定的标准。

案例3：设计师李永铨 [1]

李永铨是香港著名品牌顾问设计师，设计风格大胆创新，业务领域遍布中国内地、中国香港，还同时打入日本、意大利市场，获奖超出580项。活跃在市面上的满记甜品、周生生、上海表等大小品牌的"换血"之路均出自李永铨之手，他被业界称为"品牌医生"，因为在他的概念里，设计师和客户不是从属关系，而是医生和病人的关系。在他的设计中，刨除他个人的设计天分以及视觉大胆、黑色幽默的风格外，李永铨在接到品牌设计订单时，更多考虑的是该品牌的定位以及意义，并以最终的市场结果为目标展开设计。他认为，作为一名设计师，对市场的专业知识的判断力非常重要，他远不只是一名设计师，更兼具经济学家、市场专家和产品经理的多重身份。第一步，设计前期，李永铨从了解市场入手，依据现下时势，预估未来情况的变化。以敏锐的洞察力探测市场先机，根据经济宏观环境摸清经济发展走向以及消费者的情绪变动。第二步，由观探走入市场实际调查，细分市场、估测市场承载量，针对不同群体特征，把握之后的设计方向。第三步，打入产品和行业内部，甄别优质商品，拒绝没有潜质的劣质产品。他认

---

[1] 参考：李永铨：消费森林 × 品牌再生[M].北京：三联书店出版社，2012。

为品牌的设计不止于满足客户要求,更要考虑消费者情绪和体验,培养消费者能够挑选优质且符合需求的产品的能力。

李永铨承认,在公司成立之初,管理上也遭受了很大挫败。在招聘设计师时,他的招聘要求以获奖多寡、学习背景是否是设计类的名牌院校为标准,由于应聘者太优秀,各自为政,造成了组织内部纷争不断,大大减弱了团队的凝聚力,这不得不让李永铨开始反思自己的招聘原则,他当时只看中对方的设计能力,而忽视了其他的重要元素,于是他调整了自己的选人标准。为了挑选合适的员工,他都会预留出整整半天的时间去面试,到现在他更加注重的是应征者在面试时的表现,观察其待人处事的态度,看对方是否是一个富有责任心的人,还要看应征者对人生目标和设计的看法,是否具有明辨是非黑白的能力,又是否认同良心设计、一身正气。李永铨坚信设计能力可以靠后天的学习和努力一步步提高,但是做人、性格以及思维才是他的团队真正需要的才能。

李永铨无论是在团队的组建、员工的管理方面,还是在品牌设计环节,都秉持着"叩其两端而竭焉"的整理管理思维,对待问题要从多个角度、多方面去分析,联系实际情况,适时做出调整,不断修整决策。李永铨本人对儒家的中庸之道也提出过自己的见解,他说道:"中庸就是不断修正,追求人生之极致,见到最好才止于至善。一个人要疯狂爱上自己的工作,寻找极限,可在追寻极限的过程中,要懂得适可而止。"

第三节　中庸思想对艺术管理的启示

子曰："中庸之为德也，其至矣乎！民鲜久矣。"❶孔子是在说，中庸作为一种道德规范，该是最高的了，大家已经是长久地缺乏它了。在《论语·子路》篇中，子曰："不得中行而与之，必也狂狷乎！狂者进取，狷者有所不为也。"意思是得不到言行合乎中庸的人和他相交，那一定要交到激进的人和狷介的人罢了！激进者一意向前，狷介者也不肯做坏事。选择"狂者"或是"狷者"的前提是因为找不到合乎中庸之道的人，可见孔子把中庸视为最高的道德标准，因此想要达到中庸也是非常不易的，所以他说："天下国家，可均也；爵禄，可辞也；白刃，可蹈也；中庸不可能也。"❷意思是天下国家可以治理，官爵俸禄可以推辞，锋利的刀刃也可以踩在脚下，但实施中庸之道却是极其困难的。并且，孔子也指出了中庸之道难以践行的原因，"道之不行也，我知之矣，知者过之，愚者不及也。道之不明也，我知之矣：贤者过之，不肖者不及也。人莫不饮食也，鲜能知味也。"

---

❶　《论语·雍也》。
❷　《礼记·中庸》。

在实践方面，是由于智者太过、愚者不及而导致的；在认识方面，是由于贤者太过、不肖者不及的原因。

中庸之道没有标准，并且无处不在，无人不知，"夫妇之愚，可以与知焉""夫妇之不肖，可以能行焉"。讲的是平常老百姓都知晓中庸之道，也能实践中庸之道，但并不代表行中庸是易事，因为"及其至也，虽圣人亦有所不知焉""圣人亦有所不能焉"❶，所以表明中庸之道在于各人的认知和对自我要求的标准，这个标准因人而异。就像是马斯洛的需求理论中最高一层是自我价值的实现，如何实现，价值体现的也是因人而异。中庸只给人们提供了一个方法论的思维方式，至于实施的具体途径并无定论。

作为一名管理者，除了要求自身行中庸之道外，还要对下属的为人行事加以引导。《论语·先进》篇中孔子这样评价自己的几个学生，"柴也愚，参也鲁，师也辟，由也喭。"意思是高柴愚笨，曾参迟钝，颛孙师偏激，仲由鲁莽。四者的性格和做事风格在孔子看来都偏于极端而违背了"中"道，由此，他在回答子路和冉求有关"闻斯行诸？"的问题时给出了不同的答案，对于冉求，因为他平日做事退缩，所以孔子建议他"闻斯行之"；因为子路的胆量有两个人的大，勇于作为，所以

---

❶ 《礼记·中庸》。

孔子要压压他，以免他走向极端便是鲁莽了。孔子还主张："君子惠而不费，劳而不怨，欲而不贪，泰而不骄，威而不猛。"❶这其实都体现了他老人家的中庸思想，在行人行事方面也要坚持中庸，超过了"度"就是"偏"，就容易导致偏执、执拗，进而走向谬误，事情做起来也会有所阻碍。管理者虽然不能直接改掉下属性格中的弱点，但一定要有敏锐的观察能力，针对某一弱点进行提醒和修正。因此，一名合格的管理者，不仅要有管理、领导、分配、调度能力，还要做一个掌舵手、引导者，而中庸思想就是最好的思想方法，以此作为评判的标准和方法论进行指导、引领，方可减少或是避免意外、错误的发生。

一、乐而不淫，运用之妙

中庸之道倡导恰如其分的原则，如何在艺术中把控这个"度"非常不易，如果能到达，则体现的就是一种极致的美，用一个字可归结为"妙"。学者陈望衡提出审美品评的核心范畴就是"妙"，它侧重于内在的好，多用于精神、事理和规律。"妙"和"味"相互关联，前者要靠后者来品赏。❷

---

❶ 《论语·尧曰》。

❷ 陈望衡：中国古典美学史［M］.武汉：武汉大学出版社，2007：27-29。

在《论语·八佾》中写有："《关雎》乐而不淫，哀而不伤。"是在说《关雎》这首诗，快乐而不放荡，悲哀而不伤痛。古人凡过分以至于到失当的地步叫作淫，由此可见，孔子提倡有节度的艺术情感表达方式。艺术情感表达也要有"度"，艺术家在进行创作的时候既要热情饱满又不能失去理智，也不能完全把生活情感当作艺术情感来处理。战国时期楚国文学家宋玉在《登徒子好色赋》中巧妙用一段话描写了美丽女子的样貌和形象，"东家之子，增之一分则太长，减之一分则太短，着粉则太白，施朱则太赤。"如此精妙的描绘让人赞叹不已，同时又给人留有无尽的想象。吴国公子季札前来鲁国访问，请求观赏周朝的乐舞，他听完为之歌《颂》，曰："至矣哉！直而不倨，曲而不屈；迩而不逼，远而不携；迁而不淫，复而不厌；哀而不愁，乐而不荒；用而不匮，广而不宣；施而不费，取而不贪；处而不底，行而不流。五声和，八风平；节有度，守有序。盛德之所同也！"季札的这段对乐舞品赏，就运用了中庸思维方式，这段歌舞正直而不傲慢，委曲而不厌倦，哀伤而不忧愁，欢乐而不荒淫，利用而不匮乏，宽广而不张扬，施予而不耗损，收取而不贪求，安守而不停滞，流行而不泛滥。季札给出如此高的评价，所以说在艺术方面达到中庸也是一种至高的境界。

朱光潜在其著作《文艺心理学》中写道："我们天天看得见的事物比较难以引起美感,因为它和我们的'距离'太近,所带的使用的牵绊太多。"如何把握这个"度""距离",也是艺术审美中极为重要的原则。中国当代著名艺术家、教育家张继钢曾把艺术创作拿捏的过程生动比喻成剃度。剃度所用的剃头刀锋利尖锐,劲儿用小了,头发剃不干净,若力大了则会划破头皮,一位经验丰富的理发师的厉害之处便在于对力度的拿捏,同样,一个成熟的艺术家,最重要的也是对"度"的拿捏、对审美分寸的把握。张继钢在创作舞剧《千手观音》时也曾遇到让他困惑的时候,剧中观音和童子的双人舞是人和"神"之间的舞蹈,并非男欢女爱,既要表达出敬爱,又不能显得过于亲近而显露出爱慕之情,所以对于编排动作"度"的拿捏就显得极为关键,他理解这个"度"是由作品人物角色的情感来规定的。张继钢领悟到只有"拿捏"得当才能控制好分寸,这也正是使他进入艺术家法门的重要途径。

二、尊贤容众,宽大为怀

一名合格的艺术管理者不仅要具备策划、组织、营销、筹款、人事和办公管理、财物能力,还应以修身、齐家、治国、平天下的模式来不断完善自我品性修养。

在孔子看来，只有道德高尚的人才有资格成为执政者。所谓"将帅无能，累死三军"，管理者作为团队中的主心骨，首先要做一个品德高尚的人，以君子的标准严格要求自己，还要有崇高的理想和开阔的心胸。只有具备高境界，做事才有大格局，才能对艺术组织或机构的使命有整体的把控，对机构在未来3年、5年甚至10年的发展做出合理的规划，在对艺术作品的鉴赏和选择方面能自动屏蔽掉低俗、谄媚的内容。其次管理者要有丰厚的文化根底，在当今社会中，面对新生事物的出现，要抱有虚心学习的态度。

"君子尊贤而容众，嘉善而矜不能"[1]，意思是君子不仅尊重贤德之人，还能包容普通甚至能力差的人。管理者要以宽大为怀，心胸的宽广在一定程度上决定了做事的格局大小。在艺术组织中，管理者面对的是个性鲜明、自我价值感强的艺术家们，因此，艺术管理者要比一般企业的管理者更具备包容、宽容的胸怀，学会处理好与艺术家之间的关系，正确区分个人品性和艺术个性的关系，如果艺术家因为个性问题而做错事了，不能因此而否定其优秀的艺术成就，要与其保持亦师亦友的关系，既要保护他们的创作灵感不被压迫和限制，又要充分调动积极性，并使之参与到工作中来。当然，中庸

---

[1] 《论语·子张》。

之道讲求"度",艺术管理者一定要在大的原则下"放任"艺术家的创作自由,使艺术家保持创造的青春活力。

三、温柔敦厚,中和通达

《礼记·中庸》曰:"喜、怒、哀、乐之未发,谓之中。发而皆中节,谓之和。"儒家思想把没有表现出来的喜怒哀乐叫作"中",表现出来的并符合节度的叫作"和"。"中"是人人都有的本性,要求君子在修身养性方面要符合道德规范,达到"中和"这种美好的人格品质。孔子还要求君子要"色思温",即脸上的颜色看起来要温和。孔子作为古代圣贤中温文尔雅的典范,被学生子贡形容为"夫子温、良、恭、俭、让。"

优秀的艺术管理者,要修养良好的情商,要善于调控管理情绪。在艺术团队中,因情感失控而发生矛盾和纠纷的问题要大大高于一般的团队。遇到与上下间、艺术家之间产生矛盾或争执时,要首先控制和平息情绪冲动,使大家回归平静的心态,不急于判断处理是非曲直,要深入调查研究,细致疏通情感,稳妥地进行决断。这就要求艺术管理者内在修养温和敦厚,心怀明德,不需要疾言厉色。因此,艺术管理者在对待下级时要以德服人,宽容处理,有德、有人格魅力的领导者自然会有人跟随。但在统筹、执行方面还是要坚守原则和基本规定,该严格的时候还是要依据组织或公司法规办理。这也是在要求管理者依据中庸原则办事，努力寻找温和与严格之间的平衡点，以中和之道兼具两者又能融会贯通确实是管理者们需要学习的一种领导艺术。

四、人情练达，存乎一心

在管理中如何把握"度"是很难的，这个"度"既不是几何体上的也不是刻度尺上的标准刻度，那么，如何才能做到无不过无不及呢？这就要靠经验体悟！北宋欧阳修写了一则寓言故事——《卖油翁》，记述了陈尧咨射箭和卖油翁酌油的事。

陈康肃公尧咨善射，当世无双，公亦以此自矜。尝射于家圃，有卖油翁释担而立，睨之，久而不去。见其发矢十中八九，但微颔之。

康肃问曰："汝亦知射乎？吾射不亦精乎？"翁曰："无他，但手熟尔。"康肃忿然曰："尔安敢轻吾射！"翁曰："以我酌油知之。"乃取一葫芦置于地，以钱覆其口，徐以杓酌油沥之，自钱孔入，而钱不湿。因曰："我亦无他，唯手熟尔。"康肃笑而遣之。

这个故事形象地说明了"熟能生巧""妙笔生花"的道理，所有的智慧都是通过长期反复苦练而达至熟能生巧之境。要想掌握中庸之道，在管理中避免"过"或是"不及",要在实践中总结经验。

在艺术活动中难免会遇到突发情况,艺术管理者最不希望发生艺术家因病或其他原因而取消演出的情况,因为对于艺术演出而言,消费者(观众)一般都会提前购买演出票,对于火热的、经典性的演出甚至要提前一年购票,所以,一旦演出中的核心演员突然通知不能参演,这样会带来巨大的麻烦,不仅关联到艺术团体的信誉、退票问题,也会让观众感到失望和不舒服。遇上此类问题一般会采用取消或改期的方法,如在2009年,国际知名音乐节——日本"斋藤纪念音乐节·松本"首次来到中国,第一站便是北京的国家大剧院。音乐节的创始人小泽征尔先生因为身体状况欠佳不能如约来到中国,国家大剧院及时发布消息,并安排已购票的观众办理退票手续。小泽征尔大师对此还特地录制了一段视频,在音乐节发布会上播放了这一段深表抱歉的录像。观众虽然感到遗憾,却依然关注该音乐节并给予了理解与支持。

发生此类的突发事件,如果能在短时间内找到替代的合适人选,就可以保证演出如期举行,在1998年格莱美颁奖典礼上,原本要参加表演的世界男高音歌唱家帕瓦罗蒂突然生病无法登台,导演在表演即将开始的20分钟前冲向后台向艾瑞莎·弗兰克林(Aretha

Franklin）❶求救,艾瑞莎临危受命,奉献了一个别样动人的《今夜无人入眠》,成为那届格莱美颁奖典礼的一个惊喜。

在以上的突发事件中,问题都顺利解决了,但并不是次次都能如愿。那么,艺术管理者在突发状况面前,处理此类棘手问题时一定要沉着冷静,依靠平时积累的实战经验,妥善处理,在关键时刻要发挥主心骨的作用,决策果断,事后还要进行总结,吸取教训,积累经验,认识到危机的发生既是挑战,同时也是磨炼自我、修炼智慧的机遇。

小结

松下幸之助在其《关于中庸之道》一文中说,中庸之道的真谛是:"不为拘泥,不为偏激,寻求适度、适当";中庸之道"不是模棱两可,而是真理之道,中正之道"。他呼吁:"但愿真正的中庸之道能普遍实践于整个社会生活中。"可见中庸原则是具有普遍性的,而且适用于各个领域。把中庸思想借鉴到艺术管理层面,讲求的就是人性化管理,因为管理者面对的是一个个有

---

❶ 艾瑞莎·弗兰克林(Aretha Franklin,1942年3月25日),美国流行音乐歌手,生于流行音乐圣城孟菲斯。出版歌曲跨越灵魂与流行音乐,有着"灵魂歌后"或"灵魂乐第一夫人"(Lady Soul/The Queen Of Soul)的称号,1967—1973年是她的演唱巅峰期。

个性、有独立见解，偏于感性，敏感且争强好胜的艺术家，这些因素要求艺术管理者要在方式方法上更加人性化、灵活多变，遵循艺术家创作的规律和特点，追求团体或组织的可持续远景战略发展，懂得"过"和"不及"都偏离了"中"，把中庸之道运用于艺术管理之中，就是要保证过去、现在和未来、局部和整体以及事物变化的和谐发展。要求管理者不偏听、偏信，不搞折中原则，在坚持实事求是原则下，多吸取实战经验，把握好火候和分寸，并以中庸视为最高的道德标准，努力成为一个温柔敦厚、具有大智慧的管理者。

第六章 "和而不同"与艺术管理

和而不同乃儒家最高的社会理想状态。子曰:"君子和而不同,小人同而不和。"❶孔子认为君子的品格是要与人和谐相处,而不是等同。小人则是要搞等同但搞整体的不和谐。在儒家看来,和而不同是天之道,是宇宙运行的基本法则,是人类社会得以生存发展的正常状态,是人类生活的基本秩序。

孔子常以君子之口表达其提倡什么思想及观念。和为和谐,协调共生之义。所谓和谐,协调多种不同性质的事物相互间取长补短,形成一个多样性的又相互融合的统一体(既对立又统一)。同即是一个样,无差别,只要求一种质。在政治上表现为,在群体内搞小利益集团,少数人的哥们义气,在国家会形成政治朋党,同流合污。

---

❶ 《论语·子路》。

第一节 "和而不同"的文化内涵

"和而不同"是中国传统文化的核心理念之一,也是儒家中最高的社会理想状态。孔子提出"君子和而不同"❶是认为真正的君子不仅善于听取他人的意见,还能吸收其优势弥补自己的不足。如果听到跟自己不同的意见时不会盲目附和、跟从他人,而是勇于提出自己的见解。相反,那些小人习惯人云亦云,投机钻营,听不得不同声音,甚至会打击不同的声音。

一、和则和谐,同则为一

在和而不同这一观点中,着重强调的是"和"。"和"有和谐统一、调和之意,但并非没有矛盾和差别,非是一团和气。"同"是相等、相同义。二字早在甲骨文和金文中就已出现,在我国的古代典籍中均有二字的记载。例如"万国和,而鬼神山川封禅与为多焉"❷;"协和万邦,黎民于变时雍"❸;"保合太和,乃利贞"❹;"同声相

---

❶ 《论语·子路》。
❷ 《史记·五帝本纪第一》。
❸ 《尚书·虞书·尧典》。
❹ 《周易·乾卦·象辞》。

第六章 "和而不同"与艺术管理

应,同气相求"❶;"天地合同"❷等。

在《说文解字》一书中,"和"字的异体为"龢"。"龢"为形声字,字左边的"龠"是一种管乐器。"龠"中有三"口","三"为众,意为多个出气发声之口,众口齐鸣,莺歌燕舞;"冊"意指很多乐管依次排列,"亼"为集合、聚集。因此"龢"指多人一同吹奏乐器,节奏一致,旋律和谐。从"龢"的字体结构和含义来看,它本身就揭示了不同事物间相应与和谐,多种不同性质的事物相互取长补短,众多不同却又在一体中的意思。"和"既可以表达一种状态,多种事物之间相互调和、稳定的状态;也可以指一种方法或手段,它可以把不同的味道、变换的音律以及多种的情感相融在一起。

然而,"同"则代表"一",有相同、等同的含义。《论语》中"射不主皮,为力不同科,古之道也。"❸"君取于吴,为同姓"❹中的"同"均是一样、相同的意思。"同"是绝对的等同,消除了差异性,只是数量的叠加。就好比在食物中只有一种味道;在乐曲中只有一个音调、一种旋律。在与人相处方面,只接收一种信息、听取一种建议。

---

❶ 《周易·泰卦·彖辞》。
❷ 《礼乐·月令第六》。
❸ 《论语·八佾》。
❹ 《论语·述而》。

二、和实生物，同则不继

"和"与"同"是先秦时期两个不同的哲学概念，关于"和""同"最早的看法来源于西周思想家史伯的表述，在西周将亡之际，他同郑桓公谈论西周末年的政局时，根据"五行"，第一次区分了"和"与"同"的概念，并且提出了"和实生物，同则不继"的命题。

在《国语·郑语》里记载了史伯的这段话：

公曰："周其弊乎？"对曰："殆于必弊者也。《泰誓》曰：'民之所欲，天必从之。'今王弃高明昭显，而好谗慝暗昧；恶角犀丰盈，而近顽童穷固。去和而取同。夫和实生物，同则不继。以他平他谓之和，故能丰长而物归之；若以同裨同，尽乃弃矣。故先王以土与金、木、水、火杂，以成百物。是以和五味以调口，刚四支以卫体，和六律以聪耳，正七体以役心，平八索以成人，建九纪以立纯德，合十数以训百体。出千品，具万方，计亿事，材兆物，收经入，行姟极。故王者居九畡之田，收经入以食兆民，周训而能用之，和乐如一。夫如是，和之至也。于是乎先王聘后于异姓，求财于有方，择臣取谏工而讲以多物，务和同也。声一无听，物一无文，味一无果，物一不讲。王将弃是类也而与剸同。天夺之

第六章 "和而不同"与艺术管理

明,欲无弊,得乎?"[1]

当时的西周即将灭亡的原因是周幽王抛弃光明正大、有德行的人,喜欢挑拨是非、奸邪阴险的人,讨厌贤明正直的人,亲近奉承鄙陋的人。排斥纠正自己错误的不同意见,采纳奉承顺同的错误说法。周王的做法就是"去和而取同",即去以直言进谏的正人而信任与自己苟同的小人。其实只有和而不同才能生成万物,同一就不能发展。把不同的东西加以协调平衡才能不断创生出新事物,所以能繁荣万物共生而丰富发展;如果把相同的东西相加,就不会产生新事物,世界就消解了。所以先王把土和金、木、水、火相配合,而生成万物。因此调配五种滋味以适合人的口味,强健四肢来保卫身体,协调六种音律以动听悦耳,端正七窍来为心服务,协调身体的八个部分使人完整,设置九脏以树立纯正的德行,合成十种等级来训导百官。于是产生了千种品位,具备了上万方法,计算成亿的事物,经营万亿的财物,取得万兆的收入,采取无数的行动。所以君王拥有九州辽阔的土地,取得收入来供养万民,用忠信来教化和使用他们,使他们协和安乐如一家人。这样的话,就是和谐的顶点了。于是先王从异姓的家族中聘娶王后,向四方各地求取财货,选择敢于直谏的人来做官吏,处理众多的

---

[1] 《国语·郑语》。

事情，努力做到和谐而不是同一。只是一种声音就没有听头，只是一种颜色就没有文采，只是一种味道就不称其为美味，只是一种事物就无法进行衡量比较。周幽王却要抛弃这种和谐的法则，而专门喜欢同一。

在这里，史伯表达出，"和"代表了事物多样性的统一，这是新事物产生的必要条件之一，就像列举的五行，水加土可以变成泥土，人们可以拿来建造房屋，所以"和"是构成百物的基本条件和方法。而"同"则指的是没有差别的单一事物，如果只有一种东西不断叠加在一起，不但不会产生新的东西，而且还会让世界变得无聊、乏味、单调，就像水加入水，还是水，并没有产生新的变化；无有新生意味着没落与死亡。和而不同的思想同样适用于治理国家和百姓，作为一个君主如果只听取符合自己的一种建议，导致偏信则暗，必定走向失败。

二百多年后，齐国思想家、政治家晏婴与齐景公关于和同之辩的对话被记录在《左传·昭公二十年》中。

齐景公曰："和与同异乎？"晏子对曰："异！和如羹焉，水火醯醢盐梅，以烹鱼肉，燀之以薪，宰夫和之，齐之以味，济其不及，以泄其过。……君臣亦然。君所谓可，而有否焉，臣献其否，以成其可；君所谓否，而有可焉，臣献其可，以去其否。……声亦如味，一气、

第六章 "和而不同"与艺术管理

二体、三类、四物、五声、六律、七音、八风、九歌以相成也,清浊、大小、短长、疾徐、哀乐、刚柔、迟速、高下、出入周疏以相济也。……若以水济水,谁能食之?若琴瑟之专壹,谁能听之?同之不可也如是!"❶

齐景公问晏子和与同有何不一样,晏子把"和"比作做饭。水、火、盐、酱料、鱼和肉、柴火,这些都是促成一顿饭的各种元素,由厨工来调配味道,不够味的就增加调料,过重的就减少,使各种味道恰到好处,人们吃了这样的饭菜才品尝到了美味。晏子进而把这比喻上升为君臣关系,君王赞成或反对的事情,大臣们应该提出不同的意见,以补充和完善君王的意见,君臣之间只有互相配合才能做出真正英明的决策,有助于国家的治理。如果大臣一味地顺从君王的任何决定,就相当于饭菜里面的水本来就多了,还要往里加水,是没有人会吃这样的饭菜的;如果弹琴只有一个音调,人们听了也会感到乏味单调。学者杨伯峻把"和"解释成:如五味的调和,八音的和谐,一定要有水、火、酱、醋各种不同的材料才能调和滋味;一定要有高下、长短、疾徐各种不同的声调才能使乐曲和谐。

史伯和晏婴对于和同的观点非常相似,孔子把这一理论提炼为"和而不同",并且运用到处理人事关系上,

---

❶ 《左传·昭公二十年》。

子曰："君子和而不同，小人同而不和。"小人代表的就是政治中的小团体、小宗派，他们在政治上同流合污。这表明孔子把"和""同"看作区别君子和小人的重要标志。三国时期魏国玄学家何晏在著《论语集解》时将该句解释为："君子心和然其所见各异，故曰不同；小人所嗜好者同，然各争利，故曰不和。"朱熹的评论是"和者，无乖戾之心。同者，有阿比之意。"[1]近代学者康有为赞同朱熹的看法并进一步提出："盖君子之待人也，有公心爱物，故和；其行己也，独立不惧，各行其是，故不同。小人之待人也，媚世易合，故同；其行己也，争利相忮，不肯少让，故不和。"朱熹、康有为将孔子"和而不同"的思想上升到人生哲理的高度。

---

[1] 《四书章句集注》。

第二节 "和而不同"理念意蕴

一、宇宙之本，多样统一

宇宙的本性是怎样的？基本规律是怎样的？其生存发展的状态是怎样的？就与我们生存息息相关最近的太阳系看，就是众多的、多样性的、相互对立与相互统一，即宇宙是一个多样性的统一体。天上有日、月、星辰，有白天黑夜，有一年四季构成一切事物的春生、夏长、秋收、冬藏之过程。大地有山川、河流之不同，有金木水火土等不同元素之相生相克，才滋养万物生生不息。有白天又有夜晚，人类才能作息相间，既有劳动付出，又有休息养生，而更好生存和发展。金木水火土性质各不相同，但地球上所有有生命的物质均离不开它们。一粒种子需埋藏在土壤里才可能生长，但是如果只有土壤，（土壤里有各种金属成分）没有水、光（阳光）、风（气），仍然是不能生长的，万物生长都需要各种不同的自然条件的相互融合。这个大自然之大，是由百果、百味、百种、百物……是万紫千红的、多样性的统一体。美丽的花园是百花齐放，深厚的大地是承载了万物宇宙之和而不同,万物既是多样性、各自有其特殊的性质和功用,又相互联系、相互影响而存在于统一体中,是宇宙运行生存的基本法则。

二、天地之序,通功易事

人类自身生存延续的第一要素是性别之不同,有男人,又有女人,和而不同有了后人儿女,有了家庭,有了家族、部族,直至国家。如无性别之不同,均是同一性别,人类早已不存在,或原本不能诞生人类。

人类作为社会活动的群体,随着生产、实践活动的经验积累,遂出现了越来越多的不同行业与分工,到目前社会已出现了农、林、牧、副、渔、工、商、教、科、文、体、医、运、信息、金融等。这还只是社会分工中的大行业,每个行业中还包含着众多子行业,如农业:粮、棉、菜、油、肉、瓜、果等;如工业:制造(汽车、飞机、火车、船、工业设备)、矿、煤、油、钢铁;文化:出版、媒体、文物、制度(法)、思想、道德、风俗、文字、艺术(戏剧、电影、美术、音乐、舞蹈)等。正是这种千差万别的不同行业、分工协调统一地存在于社会大系统中。这个人类社会才是丰富多彩的,才能满足人们的千差万别的物质与精神生活需求。既相互矛盾又相互依存,促进了人类社会的更好的生存与发展。

第六章 "和而不同"与艺术管理

人们要在社会中更好地生活或幸福地生活都离不开饮食、穿衣、住宿、交通等基本生活保障，也必须要接受文化教育，要有艺术的欣赏，不断满足精神需要。但这一切必须是社会要充满了千差万别的多样性，社会要存在着这些方方面面的个性、特殊性，而这些特殊性又处在相互依存的统一体中，个人才能从中获得需求的满足。如你需要饮食，必须有农民种粮，要有工人加工食品，还要有商人经营饭店及各种餐饮业。你要想去购物，必须要有统一的市场将商品集积陈列起来，还要有统一的社会工作时间等。所以人类社会生活方方面面是一个多样性的统一体，是和而不同。所以任何个性自由都是相对的，必须限制在这个同一程序中。若没有这个统一、这个和，只有个性、个人自由，这个自由就不存在了。若你要去市场，公交司机开到半路有私事不开了，你好不容易赶到市场，销售人员个人有事不卖了，关门了。或别人可随意夺取你的钱和物，你的个人自由就不存在了。人是社会的人，人们的生活只能是和而不同的社会生活，这是人类生活的基本秩序。

再看看我们万物之灵长的人，本身就是一个极妙的和而不同。头之五官，四肢之手脚，体内之五脏，各自有其独特的功能，和而不同，多样性综合为一体，为地球最高级、最优秀、最善于认识改造世界的灵长动物。

三、对立统一,矩周规值

从哲学意义上讲,"和而不同"是对立统一的结合体,"和"是抽象、内在的;而"同"则是具体、外在的。古人教训:"和而不同"是追求内在的和谐统一,而不是表象上的相同和一致。"和"是不同事物的相承相继,承认差异性的存在,以相互矛盾为前提,事物之间各不相同,相互对立却能通过相互调和达到一种稳定、和谐共处的平衡状态,可以说没有差异就没有统一。"和"绝对不是事物之间的相互抵消,也没有消除各自的个性和特点,而是融合了不同元素组成的统一体,富有鲜活的生命力和再生力。而"同"是相同元素的叠加和重复,回避矛盾,否定了差异性,"和同之辩"既体现出哲学的智慧,也是一种辩证思想。

值得注意的是,"不同"元素虽然可以"和"在一起,并不是指任何有差异的东西都可以形成和谐统一体,例如在一场古典芭蕾舞演出中,毫无审美趣味地加入一段代表性鲜明的"高跷秧歌",难免会让整场观演效果大打折扣,也会让观众感觉不舒适。这个例子是想说明,"不同"元素或事物之间必须要按照特定的规律并有序地结合,才能形成真正的"和",就类似柴米油盐酱醋茶也要按照一定的比例、先后放入的顺序等才能做出一顿美味的大餐；宫商角徵羽要按照一定的音律才能创造出令孔子"三月不知肉味"的音乐。

"和实生物"则指出，当不同的事物以特定的秩序结合在一起的时候，会形成新的事物、显示出新的性质。远观整个宇宙世界中的万事万物也是由某种规律促成的，尽管不能避免矛盾的产生，但总体上来说，事物会一直往前发展，整体是和谐且运行在生生不息的轨迹中。"和而不同"是一个调和矛盾、实现融合的过程，人本身就生存在一个和而不同的秩序当中，天地、男女、夫妇、父子、君臣等种种关系是一个你中有我、我中有你的对立统一体，人们各有不同却能在遵守社会规则的前提下和谐生活，也都体现了和而不同的理念。在如今的人类发展中的组织、行业分工都是和而不同的统一体，社会中有各种各样的行业，农民、工人、教师、医生、演员等，也正是这些不同的职业才造就了一个分工明确、互帮合作、丰富多彩的世界，人类的生活水平才能不断向前发展。

第三节 "和而不同"思想的管理价值

中国传统文化中蕴含着丰富的管理理念,这些管理思想在现代企业中发挥了不可估量的作用。日本著名管理学家伊藤肇曾说过:"日本实业家能够各据一方,是战败后的日本经济迅速复兴,中国经典的影响功应居首。""和而不同"的思想运用在企业、组织中,追求的就是和谐,不仅可以处理员工之间的人际关系,也是整个社会应遵循的一种原则,可以说"和而不同"思想是管理者的大智慧。

一、人尽其才,事尽其功

管理说到底是对人的管理,"和而不同"的思维方式能很好地协调人际关系,让整个团队呈现和谐的状态,使之拧成一股绳,共同为总目标努力前进。人并非机器中标配的僵硬零件,人是灵动的,有精神活动的,每个人具有不同的经历与个性,有差异就难免会产生冲突和矛盾,只有承认差异、尊重协调差异才能达到和谐共处。团队中在处理人际关系上,"同"是唯唯诺诺,无原则的苟同或同流合污,"和"是有原则的和谐相处,凡是无关原则的小事，同事之间要理解忍让，稳定好集体的整体秩序。对于上下级之间，"同"若是下级对上级的言听计从，这样就会搞成一言堂，只有"和"才是两级之间互相坦诚和互相尊重的最佳相处方式。❶日本企业在世界市场上的竞争力经久不衰的法宝之一便是"团队精神"，日本学者把"和"看作是团队力量中的核心，其思想归根还是儒家的"和"的精神，"团队精神"一直被日本企业看作是保证市场竞争经久不息的制胜法宝，"和"是团队精神、团队力量的核心。日本企业实行的是自主管理和全员管理的相结合，上下级、平级之间的沟通、协作、团结一心，都与儒家"和"的观念密不可分。❷

在"和而不同"的团队中，实现"和"的前提要承认"不同"，集体中存在不同年龄、不同性别、不同性格、不同学历背景等的员工，"不同"才有企业需要的特殊才能和其自身的价值，这也是组建团队的前提条件，是形成团队力量的基础。尊重"不同"在管理中对应的就是分工，要让工作团队发挥较高的效率，必须量才德使用，安置在适合的岗位，使每个人明确自己所担任的角色、明确自己的工作任务，以调动每个员工的内在的

---

❶ 张德：企业文化与CI策划[M]．北京：清华大学出版社，2008。
❷ 余焕新：儒家行为管理[M]．北京：经济管理出版社，2012。

潜力和积极性。每一个机构都有自己的组织架构图,从架构图中可以了解到每个组织团队的分工方式、部门种类以及人员、部门之间的关系,图2是国家大剧院的组织设置图。

国家大剧院

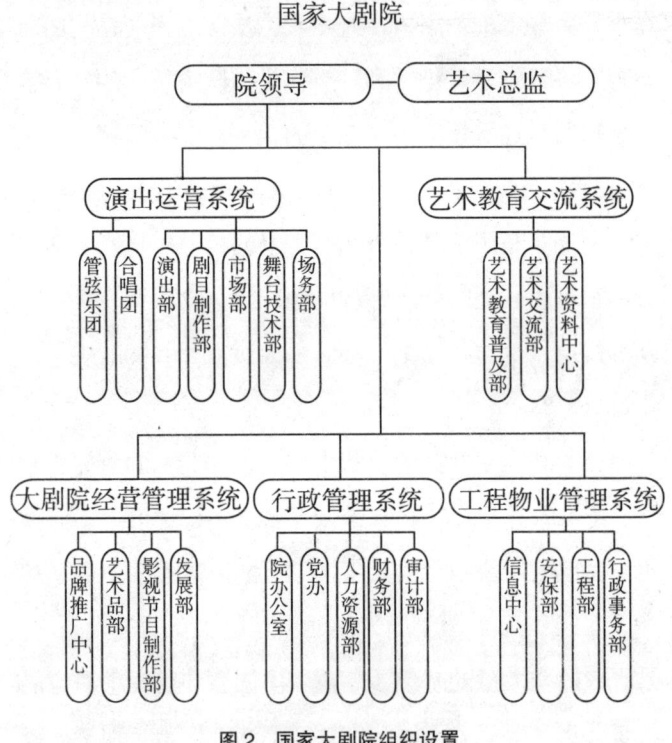

```
         ┌─────────┐   ┌─────────┐
         │ 院领导  ├───┤ 艺术总监│
         └────┬────┘   └─────────┘
    ┌─────────┴──────────┐
┌───┴────────┐    ┌──────┴────────┐
│演出运营系统│    │艺术教育交流系统│
└────────────┘    └────────────────┘
 管 合 演 剧 市 舞 场    艺 艺 艺
 弦 唱 出 目 场 台 务    术 术 术
 乐 团 部 制 部 技 部    教 交 资
 团       作    术       育 流 料
          部    部       普 部 中
                         及    心
                         部
    ┌───────────┬────────────┐
┌───┴──────┐ ┌──┴──────┐ ┌───┴────────┐
│大剧院经营│ │行政管理 │ │工程物业管理│
│管理系统  │ │系统     │ │系统        │
└──────────┘ └─────────┘ └────────────┘
 品 艺 影 发   院 党 人 财 审   信 安 工 行
 牌 术 视 展   办 办 力 务 计   息 保 程 政
 推 品 节 部   公    资 部 部   中 部 部 事
 广 部 目      室    源             心       务
 中    制              部                       部
 心    作
       部
```

图2 国家大剧院组织设置

管理理论中没有一种万能组织架构图,每个机构都是根据自己团体的实际情况设置的。郑新文教授提到艺术团体的职员架构一般会呈现四种特征,一是大部分艺术团体都不会分很多的职级。因为许多事务会涉及价值

第六章 "和而不同"与艺术管理

判断,即使有部门主管,很多决定最后仍需要由艺术或行政总监做出,所以如果职级过多会给艺术总监或行政总监造成太大负担。二是分工往往根据负责职员的兴趣与能力而定,这样有利于发挥职员的潜能。三是行政总监应重视统筹工作,每场演出/每个节目的成功都要依赖各个部门的共同合作,因此总监的统筹工作显得尤为重要。四是架构常变,因为不少的"年轻"的艺术团体还处在探索阶段,所以职员架构也会随之变化。❶

在组织架构中,管理者要充分了解每个成员的专长,要精心将人才安排在合适和恰当的位置,让团队成员发挥出自己的潜质,这样才能让"不同"充分展现光芒,进而更好地促进"和"的生成。古代流传"王珪鉴才"典故:

……二年,进拜侍中。时房玄龄、魏征、李靖、温彦博、戴胄与珪同知国政,尝因侍宴,太宗谓珪曰:"卿识鉴精通,尤善谈论,自玄龄等,咸宜品藻。又可自量孰与诸子贤。"对曰:"孜孜奉国,知无不为,臣不如玄龄。每以谏诤为心,耻君不及尧、舜,臣不如魏征。才兼文武,出将入相,臣不如李靖。敷奏详明,出纳惟允,臣不如温彦博。处繁理剧,众务必举,臣不如戴胄。至于激浊扬清,嫉恶好善,臣于数子,亦有一日之长。"

---

❶ 郑新文:艺术管理概论[M].上海:上海音乐出版社,2009。

太宗深然其言,群公亦各以为尽己所怀,谓之确论。❶

王珪是一位非常忠心的臣子,他所进献的言论多被唐太宗采纳。贞观元年,王珪官至黄门侍郎,参与国家政务,并兼任太子的老师。第二年,王珪又被提升为侍中,与房玄龄、魏征、李靖、温彦博、戴胄一起处理国家政事。一次,他们六人与太宗一起进宴,太宗问王珪:"你识别能力很强,尤其擅长谈论和评价别人。从玄龄开始,你一个个给我评价一下,也可以估量一下你们中间谁最贤德能干。"王珪回答说:"为国兢兢业业,干事果断精明,我比不上玄龄。以纠正偏颇为任,犯颜直谏,为皇上无法与尧舜的圣明比肩而感到羞耻,我比不上魏徵。文武全才,既能带兵又能治国,文韬武略俱佳,我比不上李靖。奏章严密清楚,言行有理有据,规规矩矩,没有疏失,我比不上温彦博。处理纷繁复杂的事务,有条有理,万无一失,我比不上戴胄。可是对于弘扬正气,惩恶扬善,疾恶如仇,我比起各位,也有我自己的独到之处!"太宗认为他说得很对,在座的诸位大臣也各抒己见,都认为他评价得恰如其分,十分准确。

王珪提到的大臣以及王珪自己都是唐太宗最为信任的大臣,他们有的是秦王府中的府属旧人,有的是来自敌对营垒的谋臣;有的出将入相,有的出身低微;有文

---

❶ 《贞观政要·论任贤》。

有武，职位有高有低，从政有长有短。太宗让他们尽情发挥各自的专长，把这些人才安置在恰当的位置才使得这个统治团队迸发出大智慧的力量，让国家繁荣富强。反看现代企业，这一方法仍然适用，每个企业或组织机构的发展不可能单纯依靠一种固定模式，如上文所说，管理理论中没有一种万能组织架构图，领导者需要懂得如何组织团队，依据个人所长科学地使用和安排不同的人才，才能让团队不断壮大。

艺术最讲求创新，创新可谓是艺术之生命，艺术管理者的重要使命之一就是要充分调动艺术人员的积极性和创造性。优秀的艺术管理者必须要坚持以人为本的管理理念，能够保护和激发艺术家的创作热情。在艺术创作方面，团队成员的创作理念、创作风格中可能存在分歧，管理者在面对思想不可调和的情况下要以大局为重，尽可能不耽误艺术生产活动和正常演出，有关创作思想问题可以慢慢进行沟通和调和，逐步消除成员之间的分歧，避免由此引发的其他矛盾和冲突。

案例1：杨丽萍舞蹈团的管理[1]

杨丽萍舞团可以说是云南少数民族民间舞者的大熔炉。在这里，能够看到傣族孔雀舞的婀娜多姿、白族节

---

[1] 参考中国舞蹈网：《舞神杨丽萍》。

庆舞蹈的"撒直"或者哈尼族木雀舞的背后古老的传说。而面对着毫无舞蹈"专业"培训背景的淳朴村民们，西方的"硬性"管理似乎并不适合他们。在这样的情况下，杨丽萍带领着她的团队创作出《云南映象》《雀之灵》等优秀作品时，她的管理理念更像"和而不同"的柔性管理，不仅尊重了各民间艺术家的个性，更团结了整个团队，打造出属于杨丽萍自己的品牌。

整个杨丽萍舞团观念高度统一，并致力于将云南少数民族的民间舞之美带给更多的观众。每一位民间艺人都来自不同的村落、不同的民族，因此《云南映象》集聚着云南民族几千年来的传统智慧。而这个古老的智慧便是向自然学习、汲取营养。他们在排练的时候也是如此。杨丽萍与几十个少数民族的汉子会到田地里拍地，一拍就是一两个小时，并要求每一个动作都要像从地里长出来的一样。杨丽萍表示，在排练过程中她不会帮助演员排练，最多只是排练队形。更多的是让演员们模仿自然的动作：模仿植物生长、动物亲昵。就像向日葵叶子在风中摇曳那样，顺应自然、在大自然中学习舞蹈。

对于民间艺人，杨丽萍则着力保持他们自身艺术的纯真，并尊重每个人的艺术特长，对每一位民间艺术家都照顾到。在与他们沟通与合作过程中，对每一位成员自身潜能的认可是杨丽萍管理的重中之重。40多岁的罗罗拔四跟随杨丽萍近十年。他原来是在老家大理南涧县大山里种地放牛之人，2001年送侄子来选拔，结果他以其"嗓子像是寨里的巫师"而被选中。罗罗拔四入团后，又被发现一闪光点，即他用任何叶子都能吹出鸟鸣般婉转的调子。杨丽萍看到他的每一个来自民间的优点，并应用到《云南映像》中，保留了他所擅长的部分。

虾嘎本来是哈尼族寨子里跳铓鼓舞最好的，一次清晨赶牛的路上，洪亮的嗓子被杨丽萍听到了。哈尼族寨子的舞蹈不一样，一个动作重复很多遍，有时候跳上几天，都是几个动作的重复，但却很快乐，并非要将什么情绪都要表现出来。打鼓实际象征着男女交欢的动作。对此，杨丽萍让虾嘎自己编创一套属于自己哈尼族的舞蹈，并再将动作元素分散，重新组合到《云南映象》里不同的板块当中。

除此之外，由于古老传统的要求与束缚，一些舞蹈不能够随时随地地跳，是要在祭天、祭祀等庄重的场合才可以跳，所以在开始的时候，民间演员不够配合，而且也不肯跳这么庄重的舞蹈。杨丽萍对此并没有强人所难，而是询问：怎么样才能天天跳？演员们一致同意，只要家乡的巫师长老同意，他们便没有顾虑。杨丽萍立即与各个村落的长老沟通、联系，并不辞辛苦地跑到村落，试图说服长老，最终得到长老们的认可。等到杨丽萍回到舞团后,她先让演员们自己跳,跳到精疲力竭,然后她会把跳的内容喊出来,让演员根据她喊的内容跳出相应的舞蹈动作。这其中并没有标准的动作,就是告诉演员,这是祭祀的,这是动物交尾的,让演员们自己去体会,而唯一要求就是要天天跳,卖力地跳。

这种"和而不同"的管理方式,不仅保留了云南少数民族舞蹈的原汁原味,还尊重每一个演员、每一个民族的个性与文化。杨丽萍的管理也有其"和"的一面,也就是统一要求的一面。每一次演员排练过程中,台下有舞蹈团的两个团长在记分,每个演员的一举一动都在他们眼中。谁动作不对,谁下台方向错了,谁演出偷懒了,全在他们的专业记录中。根据分数扣演出津贴,严格公平对待大家的职业精神与行为。几个团长前两年也是《云南映象》的演员,现在被杨丽萍改造成了公平规范的管理者。从而也奠定了《云南印象》在我国民间舞蹈的地位、奠定了杨丽萍舞团在我国舞蹈团队中的地位。现在,杨丽萍更致力于新人的选拔和培养,并开始融合现代舞的元素,从而开启走向世界的未来发展目标。

二、为官者不为,善用人而为

君王是一个国家最大的领导者,对于一国君王而言,他的大智慧不在于自己有多少真才实学,高明之处在于

第六章 "和而不同"与艺术管理

善于使用人才，能够使用天下之大才。所谓人才都是某方面有特殊天赋，有独特眼光和见识的，能提出超越领导眼界的意见和建议的人。每个人都是有限的个体，一个好的领导者也难以行行都精通、都熟知。具有大智慧的领导者善于使用人才，并且敢于使用超越自己的人才，认真汲取各方人才的不同意见方能集中群体智慧，做出正确的战略抉择。正如荀子所讲："为官者以不能为能。"这需要领导者有广阔的胸怀，以事业发展为重，以天下百姓民生幸福为重。

君王首先要学会管理和处理与大臣之间的关系，齐景公曾问政于孔子，孔子回答说："君君，臣臣，父父，子子。"[1]在治理国家中君要像个君，臣要像个臣，父亲要像父亲，儿子要像儿子。孔子的话表明了在国家管理中，所谓"各司其职，各安其位"就是每个人要明确自己的定位，承认之间的不同。君主和臣子之间必然存在差异，处理关系的方式就是"君使臣以礼，臣事君以忠心。"[2]君主应该依礼来使用臣子，臣子应该忠心地服侍君主。"勿欺也，而犯之。"[3]意思是服侍人君不要阳奉阴违地欺骗他，却可以当面触犯他。对于臣子提

---

[1] 《论语·颜渊》。
[2] 《论语·八佾》。
[3] 《论语·宪问》。

出的不同意见，只有虚怀若谷的君王才能更好地接纳好的建议，从而治理好自己的国家和百姓。

楚汉之争的故事人人皆知，要论个人本事、作战指挥、勇武谋略，刘邦确实不如项羽，但刘邦胜项羽败的原因在于刘邦具备了领袖的品质，他旷达不羁、宽仁大度，能虚心听取谋士的意见，会用人才。

《史记·高祖本纪》中记载了刘邦当皇帝后在都城洛阳南宫摆酒宴，招待文武百官时所说的一段话：

帝置酒洛阳南宫，上曰："彻侯、诸将毋敢隐朕，皆言其情：吾所以有天下者何？项氏之所以失天下者何？"高起、王陵对曰："陛下使人攻城略地，因以与之，与天下同其利；项羽不然，有功者害之，贤者疑之，此其所以失天下也。"高祖曰："公知其一，未知其二。夫运筹帷幄之中，决胜于千里之外，吾不如子房。镇国家，抚百姓，给馈饷，不绝粮道，吾不如萧何。连百万之军，战必胜，攻必取，吾不如韩信。此三者，皆人杰也，吾能用之，此吾所以取天下也。项羽有一范增而不能用，此其所以为我擒也。"

酒宴间，刘邦问百官他之所以能取得天下的原因是什么？项羽之所以失去天下的原因又是什么？大臣高起、王陵回答说："陛下傲慢而且好侮辱别人；项羽仁厚而且爱护别人。可是陛下派人攻打城池夺取土地，所

第六章 "和而不同"与艺术管理

攻下和降服的地方就分封给人们，跟天下人同享利益。而项羽却妒贤嫉能，有功的就忌妒人家，有才能的就怀疑人家，打了胜仗不给人家授功，夺得了土地不给人家好处，这就是他失去天下的原因。"高祖说："你们只知其一，不知其二。如果说运筹帷幄之中，决胜于千里之外，我比不上张子房；镇守国家，安抚百姓，供给粮饷，不断绝粮道，我比不上萧何；统率百万大军，战就一定胜利，攻就一定攻取，我比不上韩信。这三个人都是人中的俊杰，我却能够使用他们，这就是我能够取得天下的原因所在。项羽虽然有一位范增却不信用，这就是他被我擒获的原因。"张良、萧何、韩信三位都是极为出色的人才，他们在某一方面有着过人才能，刘邦作为领导者，最高明之处就在于让三人发挥各自的优势，并为他所用。领导者也难成为一个"全能型"人才，懂得如何发挥下级的优势并把他们和在一起为同一个目标做事，才是领导者的成功之处，这便是"和而不同"的智慧。

懂得如何挑选人才、用人才也是艺术管理者的必备素质之一。艺术管理是管理学极重要的分支，它拥有管理学的共性，也具有其特性，这些特性源于组成人员的特殊性，因为团队中包含了特立独行的艺术家们。艺术管理者是艺术家与公众之间的桥梁，在一个组织中担任着重要的角色。

从图 3 中可以了解到艺术管理者有很多角色担当，要同时照顾艺术家和公众的反应，还要兼顾社会效应与市场经济状况，但是永葆艺术机构的青春的还是在于艺术作品。优秀艺术作品的创作主要依靠艺术家的才华和努力，在艺术创作方面，艺术管理者需要做的就是把握创作导向，懂得如何选用艺术家，能把艺术家们组织起来并完成一场近乎完美的舞蹈演出、音乐演奏会、话剧演出等，都是成功的。

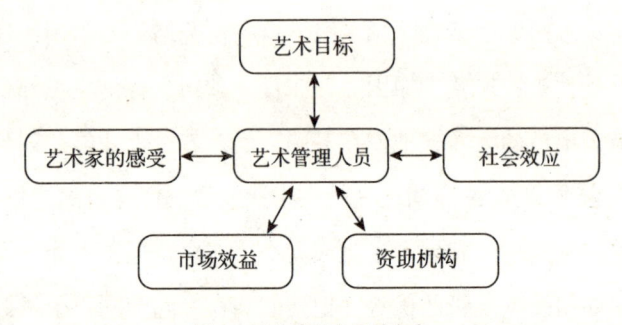

图 3　艺术管理人员的角色

案例 2：英国室内乐团 [1]

英国室内乐团音乐协会由犹太银行家罗斯切尔德（Leopold de Rothschild）创立。该乐团的运营模式不同于世界上任何其他交响乐团。伦敦的四个交响乐团——

---

[1] 参考：余丁．艺术管理学概论 [M]．北京：高等教育出版社，2008：214—216。

第六章 "和而不同"与艺术管理

伦敦交响乐管弦乐团、伦敦爱乐乐团、皇家爱乐乐团和爱乐乐团都与乐手签订合同并严重依赖政府补贴。但英国室内乐团所有的乐手都是独立自由的,没有书面合同,没有公共津贴,如果不演奏,就什么都没有,因此必须做出最好的产品。巴拉迪说压力是可以激励人的。该乐团不仅创作了令人振奋的艺术唱片,在国内外的演出都非常精彩,同时也产生了足够的收入支撑乐团的持续发展,英国室内乐团采用保守的理财之道,专注于为其观众制造伟大的音乐,迄今已录制了1200余件作品。

昆丁·巴拉迪被形容为具有能量惊人、超级投入、生有天才耳朵的慈善暴君。巴拉迪于1963—1971年担任伦敦爱乐乐团的首席中提琴手,同时任英国室内乐团的首席中提琴手,他扮演了音乐家+企业家的角色。许多其他的室内交响乐团都由指挥创建并发展,可巴拉迪说他并没有想过当指挥,英国室内乐团之所以享有全职交响乐团的崇高地位,原因在于巴拉迪为聘任乐手特别设置了音乐家职位。巴拉迪自己认为,他最大的本事就是有一双能拣选出天才的好耳朵。他强调乐手的中心作用,认为乐团是乐手的综合,对于英国室内乐团这样小规模的乐团来说更是如此。乐团的许多成员都是杰出的室内乐和音乐演奏家。在乐团里,每个乐手都对演出的整体质量做出贡献和影响,乐团也自信有能力在没有合同束缚的情况下持续支持乐手发展独奏事业和形成小型乐团。

英国室内乐团取得如此的成就，重要原因在巴拉迪采用的特殊管理方式和用人之道，他本身虽然同样是一名优秀的乐手，但从不凸显自己的位置，而是把更多的机会留给其他的乐手。巴拉迪凭借自己天赋凛然的耳朵挑选了那么多出色的乐手并邀请他们为乐团做出贡献，这是巴拉迪用人之道的过人之处，乐团的成功依靠的不全是他个人的才华，靠的是团队众多特色人才的共同努力。

第四节 "和而不同"思想对艺术管理的启示

我国现代著名哲学家冯友兰先生对孔子提出的"和而不同"思想做出的阐释为"在中国古典哲学中,和与同不一样,同,不能容异;和不但能容异,而且必须有异,才能称其为和。譬如一道好菜,必须把许多不同的味道调和起来,成为一种统一的新的味道;一首好乐章,必须把许多不同的声音综合起来,成为一个新的统一体。只有一种味道,一个声音,那是同;各种味道,不同声音,配合起来,那是和。"[1]这正体现了矛盾的对立统一的辩证思想。

艺术管理面对的人员组织和艺术创造活动更具有个性化和多样化的特性,这确实增加了艺术组织管理的难度,更需要艺术管理者兼具化解矛盾、协调冲突的能力。艺术管理者面对的是不同个性的艺术家,他们特立独行、自由奔放,有的个性张扬,将他们组织到一起求同存异、各展所能是管理者肩负的重要任务。

---

[1] 冯友兰:中国现代哲学史[M].广东:广东人民出版社,1999:253。

一、各美其美，美美与共

"和而不同"思想还体现在团队人际关系、组织管理、社会发展中，"和谐共生"的审美精神中。中国古典美学讲和谐。和谐不是同一重复，而是多样统一，是你中有我，我中有你的交感统一❶。在一个艺术组织中，充分发扬和而不同的团队精神，不仅能充分发挥每个艺术家的特殊才华，展现艺术家的艺术生命之美，而且也成就了艺术组织的团队实力和综合价值目标，实现了艺术组织的共同艺术梦想之美。正像著名社会学家费孝通先生在就"人的研究在中国——个人的经历"主题演讲中，提出的"各美其美，美人之美，美美与共，天下大同"十六字箴言。他用精妙话语表达了处理不同文化间的关系，"各美其美"承认每一种文化不同的美，尊重文化美的多样性；"美美与共，天下大同"说明只有尊重多样性和差异性才能实现天下和谐共处，也只有保持多样性才能更多绽放出五彩缤纷的美。

中国艺术审美一直将多样性视为美的前提条件和基础，"和而不同"展现的是多样性之美、万物的丰富性之美和包容之美。京剧是我国五大戏曲之一，被视为国粹。清朝乾隆年间，四大徽班陆续进京，起初四大徽班

---

❶ 陈望衡：中国古典美学史 [M]. 武汉：武汉大学出版社，2007.

以唱皮黄为主，进京后与来自湖北的汉调艺人合作，又融合了昆曲、秦腔的元素。京剧在发展道路上正是采用了"和而不同"之道，以开放包容的态度不断的交流、融合，汲取其他优秀戏曲为己所用，才使得它迅速在清朝宫廷发展，在民国时期达到顶峰。

《书谱》是唐代孙过庭所著，书谱卷中主要记录了作者对书学体验、书谱撰写要旨及学习书法的一些基本原则。其中"体悟材质并用，仪形不极；象八音之迭起，感会无方。至若数画并施，其形各异；众点齐列，为体互乖。"是说体会到用五材来制作器物，塑造的形体就当然各有不同；像用八音作曲，演奏起来感受也就兴会无穷。若把多个笔画摆在一起，它们的形状应各不相同；几个点排列一块，体态也应各有区别。这段话正说明了在雕刻、音乐、书法不同艺术形式中，多样性可以造就艺术的和谐之美。书法艺术遵循"违而不犯，和而不同"原则，笔画各有伸展又不互相抵触，讲究变化，在和谐中展现不同。诗歌吟咏艺术同样重视"和而不同"原则，南朝文学家沈约提出："夫五色相宣，八音协畅，由乎玄黄律吕，各适物宜。欲使宫羽相变，低昂互节，若前有浮声，则后须切响。一简之内，音韵尽殊；两句之中，轻重悉异。妙达此旨，始可言文。"❶各种颜色互相显示，

---

❶ 《宋书·谢灵运传论》。

各种乐器的音响协调顺畅,要使得吟诵诗句优美动听,就要有音韵的变化,前后的平仄声错落有致,这其实还是在讲艺术审美同样追求"和而不同"的和谐之美。总而言之,艺术本身就是多重要素的和而不同,任何美的单一的东西都难以构成艺术。

二、尊贤容众,广聚贤才

作为领导者或是管理者,处于团队中一把手的位置,首先要有广阔的胸怀,正所谓"海纳百川,有容乃大"。唐太宗李世民二十一岁起兵,二十九岁当皇帝,他君临天下后,设置三省六部,广听群臣意见,对内文治天下,虚心纳谏,是唯一完成从"马上打天下"到"马下治天下"政权转型的帝王,并开创了中国历史上著名的贞观之治。他之所以能够成为一代明君,成为大唐的圣主,其中最重要的原因是建立了皇帝和大臣共同商议、治理国家的政治平台,并对此下诏要大臣积极提出治国的意见。太宗不以打天下的英主自居,不是一切以自己为最高权威、一言九鼎,而是广开言路,谦让、认真听取、采纳群臣意见,大都不计较提意见的方式。刚正还略带固执的大臣魏征非常喜欢提出不同意见,以敢于直谏而闻名。他先后陈谏过两百多次,多次被唐太宗采纳。魏征提出皇帝应要求大臣做"直臣",不要做忠臣。若要求做忠臣，臣子只会看皇帝脸色行事，顺从皇帝的心意或喜好当面竭尽阿谀奉承，但背后却是另一副面孔，久而久之风气就会被带坏。魏征病逝后，太宗内心悲痛而深有感触地说："夫以铜为镜可以正衣冠；以史为镜可以见兴替；以人为镜可以知得失，遂亡一镜也。"

唐太宗重用群臣，德才兼备，他任人唯贤，从不任人唯亲。他封的八大功臣只有一个与太宗有亲属关系——长孙无忌，有四个原想杀太宗，其余是敌人中投降过来的，魏征原本是太子李建成手下的近臣，曾向太子献策杀害李世民,但李世民即位后知魏征是治世良臣，不计前嫌，收为己用，而且封为谏议大夫。有的意见有时很直接，很伤面子，有时也曾令太宗动气，但事后太宗却认真采纳而且多表彰赏赐提出好建议的臣子。太宗平定天下后从未杀过功臣，可见唐太宗的的确确是一位贤德明君，豁达大度、不念旧恶。太宗顾全国家大局，深知"和而不同"的道理，在用人方面也懂得如果用人清一色就会让小人乘隙而入，用小人便是失败的祸根。

作为艺术管理者，面对形形色色、个性鲜明的艺术家，更要坚持"以和为贵"，秉着"和谐思维"进行管理。有些艺术家对于艺术创作有着自己的一套方式方法，也有较为固定的风格，管理者与之沟通时，不能毫无原则地附和，要在尊重对方艺术审美和作品的基础上，适当提出自己的建议。艺术管理者兼具多重身份和角色，既要有理性思维，也要有感性思维。在开拓演出市场、售票、财务和经济状况方面，要保持理性头脑；但由于面对的是艺术作品，所以还要具备一定的艺术素养和审美能力，要有自己的风格和特点，思维要创新，观念先进、解放。艺术家大多性格耿直，但英明的领导者允许艺术家有个性存在，这里的"个性"是艺术创作的个性而非品德上的。艺术家们爱给领导提意见，有时是不加考虑或是不分场合就脱口而出的，容易伤及领导者的面子，对此领导者要像君子那样做到"尊贤而容众，嘉善而矜不能。"私下可以与之谈心或进行思想交流，并给予他们渠道提意见。

三、兼听则明，偏信则暗

领导在重大问题的处理决策中一定要广开言路，充分听取各方面意见，尤其是反对意见，不要为了会伤及面子而否定其他人的合理建议，要群策群力，善于集中群体的智慧。古人云："夫民别而听之则愚，合而听之则圣。"❶意思是说对于老百姓的言论，如果国君只听信个别人的意见，国君就会变得昏庸，如果能综合听取全面的意见，国君就会变得圣明。魏征对唐太宗所说的

---

❶《管子·君臣上》。

第六章 "和而不同"与艺术管理

"兼听则明,偏信则暗"指的就是这个道理。一定要认真听取不同意见尤其是反对意见,才能防止领导者做出错误的决策。

主要领导对重要问题征求意见时,一般不要先说出自己的意见,可先说要解决的问题,要先听听他人的意见和看法,主要领导要在此后提出综合性意见。领导者在听取意见时不要先入为主,不要形成自己的固定想法。在一线的同志更有直接经验,更了解事实情况。领导掌握情况不全面或不太了解情况时判断会有误,不要固执己见。在听取意见时要注意吸收好的意见,要不时修订自己的想法。要集中集体智慧做出较正确决策。

聪明的管理者懂得如何用人,用比自己高明的人才,因为即使是团体中的"一把手"也未必事事做得完美。所谓"智者千虑,必有一失。"所以要多听来自被管理者的建议,同时更要鼓励提出不同声音的人,并且能真心接受,善于思考,这样才可以不断改进自己的管理方法和做出更合理的决策。在艺术机构或组织中,更应该注重言论自由和新鲜观念的碰撞,但管理者要把控好艺术家言论自由的度,对于原则问题要及时引导。其次,团体中既有"和而不同"的艺术家,也有"和而不同"的观念想法,都符合正常状态,符合天道,是一个有思想,有活力,有创新精神和能力的团队,莫要看成是不团结。"同而不和"是搞宗派、朋党、私人的利益共同体，私下称兄道弟、酒肉朋友才是不团结、不正风气的表现。

小结

"和而不同"在《论语》中只是众多智慧中的一个观念，却能够在艺术管理方面大放光彩。如今人们在使用和而不同的理论时，更多的应该是如何真正将和而不同落实到实处、和而不同如何成为方法论来指导我们的行为，从而形成一个良好的企业文化、企业氛围以及企业发展目标。对于艺术机构企业文化设置，和而不同将是企业愿景与社会理想的结合体；对于企业内部管理而言，和而不同是兼蓄并包、群策群力的激励源泉；而对于企业—社区联合的本土推广，和而不同又可以被赋予社群不同价值观的思想。因此，作为艺术管理者的我们，在自身修养中要学会运用和而不同的辩证思维方法去观察人事、思想问题。和而不同是世界万物相互关系的本真，是行行业业的自然状态，是一切事物相互联系的本质。管理者应以宽阔心胸包容处理个别的人与事，尤其要包容、尊重艺术家的个性，和艺术家广交朋友，以耐心细致的思想工作将艺术家们团结在统一的朝气蓬勃的艺术团体中，既一花独放，又百花盛开。

附 录

建设有中国文化特色的
艺术管理教育体系

中国艺术管理学科是一门年轻的学科，国内行业排头的艺术院校在公共事业管理专业下均设置了艺术管理学科。中国在培养艺术管理人才方面历经了约10年的时间，这在管理学科系统中可能是处于幼儿时期，相对缺乏经验，很稚嫩。但也许正是因为年轻，所以才充满活力，善于汲取百家之长而完善自己。在北京舞蹈学院召开的中国艺术管理教育学会第五届年会暨国际艺术管理论坛会议上，聚集了国内外知名的同行专家，这将对中国艺术管理人才的培养发挥重要作用。笔者长期从事艺术教育管理工作，并同时担任艺术管理方面的研究生导师，根据此次年会的目的谈谈自己的一些认识。

一、中西管理的差异与优势互补

如果说凡属协调人群和团体的行动、思想的行为就可以称之为管理的话,那么管理自人类社会产生以来就存在。而且自人类文明形成以来,无论东方还是西方都有悠久的管理思想史。公元前400年左右就产生了古罗马和古希腊的管理思想。距今已有2400多年的历史。在中国,据《周礼》记载,夏商两朝已分别有类似占卜的书籍,名《连山》和《归藏》。主要用于国家大事实施前的吉凶预测。以此推论,中国的管理思想有不少于5000年的历史,可以说中国的管理思想有着世界上最悠久的历史和最丰厚的文化传统。

近半个世纪以来,西方的管理科学理论和实践逐步进入中国,并产生了重大影响。首先从20世纪50年代起,当时的苏联以社会主义阵营老大哥的身份向中国提供了多项重大项目的援助,中国在计划经济体制、产业结构、多项事业和管理上全面向苏联老大哥学习。尤其是苏联在第二次世界大战结束后仅用了短短15年的时间,便奇迹般地发展成为能与美欧抗衡的超级大国,因此,苏联的成功经验必定对中国初期的社会主义建设和管理产生重大的影响,并发挥重要作用。然而在1958年,毛泽东最先提出了不能照搬苏联模式,要从中国自己的实际情况出发,下令将大部分企业的管理权交给地方政府,产生了中国的"地方国营企业"和"集体企业"。自改革开放建立市场经济体制后,外资企业进入中国,与之密切相关的美、欧、日、新、韩等国的管理思想理念、制度方法也进入中国，其中美国对中国的影响最大。西方的管理思想、理论与教材、译著占据了国内高等教育管理专业的课堂，其管理制度与方法成为中国企业管理的主流。西方的管理科学是在长期的经验积累基础上产生的，有极强的实践指导作用和具体操作性。它来自实践经验，具有强大的生命力。今天的西方管理学，由于对现代社会弊端的认识，加进了社会学、心理学的"人文关怀""人性化管理"等因素，但从根本上讲，西方管理学属于"管事""管物"的科学，是制度化科学，是"以事为本"的科学，而"人"在西方科学管理中被看作是一种"资源"。

中国的管理，从周代《书经》中提出"民为邦本"，到中国共产党提出的科学发展观，其核心都是"以人为本"。可见，中国管理的主线是对人的管理，着重是对人的思想和心理的教化与管理，其着眼点是通过管理协调好方方面面的人际关系，以建立和谐的工作环境；其基本途径是明己、修身、和人、安人。另一个重要的理念是"天人合一"，正确认识天道，处理好人与自然的关系，尊重自然规律，万物皆和谐共生。

关于中国管理与西方管理的主要区别，笔者认为主要有三点：其一是中国的管理重视管理的主体性，强调

"以人为本",强调"修身而达人";西方的管理重视对管理客体的透析和把握,强调"以事为本",强调"任务目标"的实现。其二是中国的管理注重处理好人际关系,注重管理中的灵活性,更多体现的是柔性管理;西方管理注重法规制度健全,注重管理中的规范性,更多体现的是刚性管理。其三是中国管理强调智慧和悟性,主要提供的是形而上的管理之道和思维方法;西方管理强调知识和执行力,主要提供的是解决问题的具体做法。

今天我们不能简单地说中国管理与西方管理谁好谁差,谁长谁短,谁高谁低,它们各有优长和特点,双方互补才能达到道术共荣的效果。

以时代的眼光审视,中国艺术管理教育的发展应以民族管理文化为主体,兼收并蓄西方管理科学的优长,建设具有中国民族特色的艺术管理教育体系,才能真正培养出中国的高素质艺术管理人才。

二、中国管理之道更适宜对文化艺术的管理

艺术管理最重要的职责是协调艺术家、艺术团体进行艺术产品的生产、推动文化艺术事业的繁荣和发展。艺术产品的生产与物质产品的生产有着本质的区别。艺术生产为精神生产,其本质是艺术家主体的创造性活动,是个性灵感和潜力的充分发挥,是非量化的、非规范性、

非标准化的活动。这里没有量化的流程作业，也不存在统一性、标准化的刚性要求。对此，中国管理注重人际关系的协调，注重管理方法的灵活性，比西方管理科学注重制度的严谨性和管理的规范性更为适宜。因为对艺术家创作过程的管理，主要不是依靠法规制度的控制作用，而是管理者帮助艺术家协调好各种关系，为艺术家潜心创作创造和谐的环境，充分调动起艺术家的积极性，这正是中国数千年管理文化的特长和优势。

《周易》作为中国传统文化经典中的五经之首，是中国传统哲学中的哲学，是传统文化的重要源头。其核心思想即阴阳变易之道，如《周易》中所说的"一阴一阳之谓道"。中国古代哲人认为，世界万物均由阴、阳两种不同性质所构成，它们是不同的、对立的，又是相互依存、相反相成的，是阴中有阳、阳中有阴，相反相成、相合相生，形成太极图之圆。这些哲学思想对领导者、管理者的启迪是，不应以线性的、直接的思维方法去认识解决管理中的问题，而应以圆状的、螺旋式的思维方式，从更高层次来认识当下的问题，要透析问题的原因，从根本上尽力化解矛盾，保持阴阳平衡。

又如老子的很多重要思想对艺术生产的管理也具有重要的指导作用。老子"治大国，若烹小鲜"的千古名言是说，治理大国要像煎小鱼那样，不能老翻动，翻动得多，鱼就烂了。治理国家政令要稳定，不能朝令夕改，否则国家就不安定。老子这一名言被美国前总统里根用于国情咨文中，作为施政方针之一，可见其在管理上具有普遍的意义。我国汉代"文景之治"就是实行黄老的思想，清静无为而治，使百姓安居乐业，努力发展生产，经济得到繁荣。唐太宗在"贞观之治"中也将老子思想放在重要地位。新中国成立后不久，由于左倾思潮逐步处于主要倾向，以阶级斗争为纲，最终导致了文化大革命，搞乱了思想，破坏了经济发展和社会稳定。自1978年实行改革开放后三十多年来，全党全国人民以经济建设为中心，以实现小康社会为目标，国家的现代化建设取得了世界瞩目的成就，GDP总量已居世界第二位，人民生活水平有了极大提高。

当然，文艺团队的管理难以和治理国家相提并论，但其精神用于管理艺术创作则非常适宜。艺术创作的繁荣需要大政方针的持续性，需要政治环境的融洽，需要气定神闲的心态和宁静致远的境界。时任总书记胡锦涛批评了文艺界存在的世俗、庸俗、媚俗的问题，文化界一些单位的管理者对此是有一定责任的。党的十六大提出了要建设社会主义先进文化的号召，党的十七大及胡锦涛总书记多次讲话提出，先进文化建设的核心是要弘扬社会主义的价值观，但一些文艺栏目为了"眼球经济"

和部门利益，充斥着拜金主义、享乐主义。虽然艺术形式可不断创作出新的样式，但民族文化的价值观、民族文化的精神和品格却是需要坚守的。

老子还提出无为而治的原则："圣人常无心，以百姓之心为心。"说的是圣人不要有私心，一定要以百姓的愿望为自己的愿望。一个好的管理者应该没有自己固定不变的想法，要听取大家的意愿，要让百姓满意，一切都是为了百姓的利益。以这样的至高境界管理艺术团队，必然会遵从艺术发展的规律，充分调动起艺术家的积极性。还有儒家的"中庸"思想，对于管理者来讲，就是要把握好处理问题的合适的度，俗话说要掌握好"火候"，要善于协调矛盾，行为恰到好处，这就是管理的最高境界。

中国文化中有关管理的思想极其丰富，从古代儒、道、释、法、兵、墨诸家到当代中国共产党执政的管理文化，可以说是博大精深。我们的艺术管理教育，要学好用好中国的管理之道才能真正培养出高素质的艺术管理人才。实践证明，许多精通MBA管理的高管在中国的经营并不成功，主要原因是他们"水土不服"，管理学既有很强的理论性，又有很强的实践性，仅靠西方文化难以解决中国的实践问题，笔者认为，不学习西方管理科学是短视，不学习中国管理之道是失本。

三、建设有中国文化特色的艺术管理教育体系的若干建议

建设有中国文化特色的艺术管理教育体系并非要排斥西方管理科学文化,而是建设以中国管理文化为主体,兼收并蓄西方管理科学的教育体系,是努力推进中西管理文化的融合,努力实现中西管理文化优势互补、道术并荣。

在西方管理科学盛行于中国的今天,建设以中国管理文化为主体的艺术管理教育体系并非易事,也非一日之功,一人之功,甚至非一校之功,但这应是国内行业排头的各艺术院校对艺术管理学科建设的重大历史责任。中国乃文化大国,绝不能靠外来文化来管理我们的文化,尤其是当前全世界都在关注着中国的发展模式,因此,中国人更应该认真研究总结自己的管理文化。中华民族文化历史悠久、特色鲜明,向来对异族文化有极强同化力。当今中国已是世界上日益富强的大国,我们理应站在民族文化自觉的高度上对待这一问题,否则失掉的将是民族文化的尊严。

建议艺术管理教育学会组织行业内的专家,以新的《教育纲要》精神为指导,共同研究中国艺术管理学科的人才培养目标、课程设置结构,建设中国管理文化教

材与课程，促进学校建设人才实习基地，建立教学与人才需求市场联系，深化人才培养模式改革，为培养中国高素质艺术管理人才做出贡献。

王国宾

2010年

参考文献

[1] 朱熹. 论语集注 [M]. 北京：商务印书馆，2015.

[2] 南怀瑾. 论语别裁 [M]. 北京：东方出版社，2014.

[3] 钱穆. 论语新解 [M]. 新校本. 北京：九州出版社，2015.

[4] 杨伯峻. 论语译注 [M]. 北京：中华书局，2006.

[5] 李泽厚. 论语今读 [M]. 北京：中华书局，2015.

[6] 杨义. 论语还原 [M]. 北京：中华书局，2015.

[7] 程树德. 论语集释 [M]. 程俊英，蒋见元点校. 北京：中华书局，2013.

[8] 王国轩，王秀梅. 孔子家语 [M]. 北京：中国文史出版社，2003.

[9] 李申. 论语——中华经典精粹解读 [M]. 北京：中华书局，2011.

[10] 王国轩. 大学·中庸 [M]. 译注本. 北京：中华书局，2016.

[11] 钱逊. 孟子读本 [M]. 北京：中华书局，2010.

[12] 钱逊. 正气浩然——孟子读本 [M]. 北京：中华书局，2015.

[13] 杨伯峻. 孟子译注 [M]. 北京：中华书局，2008.

[14] 王先谦. 荀子集注 [M]. 北京：中华书局，2013.

[15] 方勇，等．荀子——中华经典名著全本全注全译丛书[M].北京：中华书局，2011.

[16] 戴圣．礼记[M].刘小沙译．北京：北京联合出版公司，2015.

[17] 王文锦．礼记译解[M].北京：中华书局，2016.

[18] 孔子．春秋左传[M].黑龙江：北方文艺出版社，2013.

[19] 胡平生．孝经译注[M].北京：中华书局，2009.

[20] 徐正英，常佩雨．周礼[M].北京：中华书局，2014.

[21] 王弼，老子道德经注——中华国学文库[M].楼宇烈，校释．北京：中华书局，2011.

[22] 李道传．朱子语录[M].上海：上海古籍出版社，2016.

[23] 老子．道德经[M].欧阳居士，注译．北京：中国画报出版社，2012.

[24] 南怀瑾．老子他说[M].北京：东方出版社，2014.

[25] 南怀瑾．庄子諵譁[M].北京：东方出版社，2014.

[26] 陈鼓应．庄子今注今译[M].北京：商务印书馆，2007.

[27] 孙通海，译著．庄子[M].北京：中华书局，2016.

[28] 方立天．佛教哲学[M].北京：中国人民大学出版社，2012.

[29] 方立天．中国佛教与传统文化[M].北京：中国人民大学出版社，2012.

[30] 六祖坛经[M].郑州：中州古籍出版社，2016.

[31] 司马迁．史记[M].长沙：岳麓书社出版社，2001.

[32] 班固．汉书[M].北京：中华书局，2007.

[33] 司马光.资治通鉴[M].长沙：岳麓书社出版社，2009.

[34] 黄寿祺，张善文，译注.周易[M].上海：上海古籍出版社，2007.

[35] 王世舜，王翠叶，译注.尚书[M].北京：中华书局出版社，2012.

[36] 陈桐生，译注.国语[M].北京：中华书局出版社，2013.

[37] 朱熹.四书章句集注.[M].北京：中华书局出版社，1983.

[38] 陆玖.吕氏春秋[M].北京：中华书局，2011.

[39] 叶蓓卿，译注.列子[M].北京：中华书局，2015.

[40] 王秀梅，译注.诗经[M].北京：中华书局，2015.

[41] 王永彬，围炉夜话[M].张德建，评注.北京：中华书局，2014.

[42] 张岱年，程宜山.中国文化精神[M].北京：北京大学出版社，2015.

[43] 冯友兰.中国哲学史[M].北京：北京师范大学出版社，2011.

[44] 冯友兰.中国哲学简史[M].北京：北京大学出版社，2013.

[45] 冯友兰.中国现代哲学史[M].广州：广东人民出版社，1999.

[46] 张岱年.中国哲学大纲[M].北京：商务印书馆，2015.

[47] 劳思光.新编中国哲学史[M].北京：三联出版社，2015.

[48] 东方美.中国哲学精神及其发展[M].北京：中华书局，2012.

[49] 曾仕强.中国管理哲学[M].北京：商务印书馆国际有限公司，2013.

[50] 葛荣晋.中国管理哲学导论[M].第2版.北京：中国人民大学出版社，2013.

[51] 刘云柏.中国古代管理思想史[M].西安：陕西人民出版社，1997.

[52] 才金城.中国古代管理思想与智慧[M].北京：清华大学出版社，2014.

[53] 成中英.C理论：中国管理哲学[M].台北：东方出版社，2011.

[54] 曾仕强.中国式管理[M].北京：中国社会科学出版社，2005.

[55] 苏东水.管理心理学[M].上海：复旦大学出版社，2013.

[56] 郭咸纲.西方管理思想史[M].第3版.北京:经济管理出版社，2004.

[57] 斯图尔特·克雷纳.管理百年[M].闾佳，译.北京：中国人民大学出版社，2013.

[58] 刘云柏.中国儒家管理思想[M].上海：上海人民出版社，2015

[59] 薛泽通.论语的智慧[M].北京：中国长安出版，2006.

[60] 吴照云.儒家行为管理[M].北京：经济管理出版社，2012.

[61] 叶朗.中国美学通史[M].南京：江苏人民出版社，2014.

[62] 陈望衡.中国古典美学体系简论[M].武汉：武汉大学出版社，2007.

[63] 朱光潜.西方美学史[M].北京：商务印书馆，2011.

[64] 徐复观. 中国艺术精神 [M]. 北京：九州出版社，2014.

[65] 郑新文. 艺术管理概论 [M]. 上海：上海音乐出版社，2009.

[66] 余丁. 艺术管理学概论 [M]. 高等教育出版社，2008.

[67] 余丁. 艺与脑：艺术管理思考 [M]. 北京：知识产权出版社，2014.

[68] 谢大京. 艺术管理 [M]. 第3版. 北京：法律出版社，2016.

[69] 何云峰. 艺术管理学理论及实践 [M]. 北京：中央音乐学院出版社，2014.

[70] 比尔顿. 创意与管理：从创意产业到创意管理 [M]. 向勇，译 北京：新世界出版社，2010.

[71] 夏学理、郑美华、陈曼玲、周一彤、方顗茹、陈亚平. 艺术管理 [M]. 台北：五南图书出版股份有限公司，2011.

[72] 毛泽东. 毛泽东选集 [M]. 北京：人民出版社，1991.

[73] 习近平. 习近平谈治国理政 [M]. 北京：外文出版社，2014.

[74] 张德. 企业文化与CI策划 [M]. 北京：清华大学出版社，2008.

[75] 中国社会科学院考古研究所. 甲骨文编 [M]. 北京：中华书局出版社，1982.

[76] 路晓溪. 英国文化管理机制："一臂之距" [J]. 山东图书馆学刊，2012（6）.

[77] 秋原. 大片时代·冯小刚与华谊兄弟 [M]. 桂林：广西师范大学出版社，2011.

[78] 林怀民. 云门舞集与我 [M]. 上海：文汇出版社，2002.

[79] 李永铨. 消费森林 × 品牌再生 [M]. 北京：三联书店出版社，2012.

[80] 张继钢. 打开关键：张继钢论艺术 [M]. 北京：三联书店出版社，2014.